Aurélienne Dauguet

NOURRITURE LUMINEUSE

MA NOUVELLE VIE AVEC LE PRANISME

CITATION DE JOHANN WOLFGANG VON GOETHE :

« J´AI PRIS L'HABITUDE, DANS MES ACTIONS, DE SUIVRE MON CŒUR SANS PENSER NI AUX DÉSAPPROBATIONS, NI AUX SUITES. »

Informations bibliographiques de la Bibliothèque nationale allemande:

La Bibliothèque nationale allemande répertorie cette publication dans la Deutsche Nationalbibliografie; Des données bibliographiques détaillées sont disponibles sur Internet à l'adresse http://dnb.dnb.de.

Imprimé par: BoD - Books on Demand à Norderstedt

Bibliografische Information der Deutschen Nationalbibliothek:

Die Deutsche Nationalbibliothek verzeichnet diese Publikation in der Deutschen Nationalbibliografie; detaillierte bibliografische Daten sind im Internet über http://dnb.dnb.de abrufbar.

Herstellung: BoD - Books on Demand, Norderstedt

ISBN: 978-3-944700-07-6 (Paperback)

ISBN: 978-3-944700-67-0 (e-book)

Aurélienne Dauguet

NOURRITURE LUMINEUSE

MA NOUVELLE VIE AVEC LE PRANISME

Auteure: Aurélienne Dauguet

Conception de l'enveloppe, illustration: Aurélienne Dauguet

Lecture et correction: Enora Delord et Agnès Chambion

Titre original "Mein neues Leben mit der Lichtnahrung"

Ce livre a été concu avec beaucoup de soin. Les éléments biographiques reflètent uniquement les expériences de l´auteure, ainsi que les réflexions individuelles sur la nourriture pranique. Il en suis qu´aucune garantie peut être assumée pour les conseils.
En outre, l´auteure ne porte aucune responsabilité pour autrui.

SOMMAIRE

MA NOUVELLE VIE AVEC LA NOURRITURE PRANIQUE

PRÉFACE

Ce récit de mon processus de nourriture pranique (appelé PNP dans les pages suivantes) n'est pas un livre à succès dans le sens d'une histoire idyllique : arrêter de manger sans perdre de poids, sans aucun problème et tout se passe bien. En effet dans cet exposé, je souhaite également décrire et thématiser les réactions humaines et pas toujours glorieuses, afin de jeter une lumière plus réaliste et plus « normale » sur le pranisme.

Le passage au pranisme que j'aime aussi nommer « la conversion au prana », fait appel à de nombreuses facettes et se rapporte à des aspects variés de la vie et de la personnalité. C'est avec modestie et joie de la découverte que j'en traite quelques unes ici. J'espère que vous partagerez mon enthousiasme.

Tout d'abord, je décris le processus pranique sous forme d'un journal pendant 21 jours, durant lesquels la conversion et l'installation du prana auront lieu. Ensuite je fais part de mes observations ultérieures au processus, à des intervalles irréguliers qui suivent l'installation de la lumière.

Ensuite suivent mes observations, mes explications, mes réflexions ainsi que les conclusions que j'ai tirées de mes expériences.

J'ai pris cette décision tout à fait librement et en pleine responsabilité ; mon vécu et ma façon de traiter ce sujet me sont tout à fait personnels et individuels. Je tiens à souligner que je ne souhaite inciter qui que ce soit à le réaliser, car ce processus ne peut suivre qu'un appel purement intérieur, celui de l'âme.

Pour moi, il est primordial que je traverse les étapes successives praniques d'une façon tout à fait individuelle qui convienne à mon corps, à mon âme, à mon esprit ainsi qu'aux méandres de ma vie quotidienne.

En tant que pionnière, je me permets certains néologismes : par exemple je parle de nourriture lumineuse. J'entends par cela que la nourriture pranique est principalement constituée de lumière en opposition aux autres façons de s'alimenter. Toute nourriture contient des photons à des degrés differents. La nourriture crue et issue de l'agriculture démétère en est par exemple très riche et donc fort vivante et saine.

PREMIÈRE PARTIE :

LE PROCESSUS DES 21 JOURS

04.04.2017

Dans une semaine je commence mon processus de nourriture pranique.

J'ai l'intention d'établir le pranisme dans mon système jusqu'au 1er mai. Cela signifie une libération, non pas un renoncement. Pour moi, le concept de renoncement correspond à une décision prise en accord avec mon libre arbitre et profondément réfléchie : le refus de laisser pénêtrer quelque chose dans mon être, qui n'a plus de résonance avec mon champs énergétique personnel. Autrement dit : il n'existe plus de résonance entre le champs et la nourriture matérielle et solide car il s'oriente vers une façon de se nourrir qui lui convient mieux. Il n'y à donc là aucun manque, puisqu'il y a un remplacement qui était au préalable existant car c'est la lumière, elle-même plus ou moins présente dans tous les aliments. Il n'y aura pas de pénurie car les personnes qui s'intéressent à la nourriture pranique s'attendent à recevoir « un plus » ou davantage dans un sens qualitatif.

Le renoncement dans le sens du libre arbitre exige d'une part une capacité de différenciation et d'autre part une détermination soutenue par la volonté, ainsi que les possibilités de manifester et de pratiquer ce choix de manière consciente. Prenons d'abord la différenciation. Posons-nous la question : quelle façon de me nourrir est valable et juste pour moi ? Avec quoi suis-je en résonnance ?

Pour pouvoir répondre à ces questions de façon aussi authentique que possible, il est nécessaire d'avoir une communication directe avec son Être Intérieur au travers du ressenti, de l'intuition et de la réflexion. En d'autres termes : il est primordial d'établir le contact avec ma norme intérieure en alignement avec la guidance de mon âme personnelle et individuelle. Elle est l'instance la plus élevée, qui porte en elle le souvenir de la tâche de toute une vie. Elle est reliée au voyage de l'âme entre alpha et omega. Elle sait ce qui me convient et elle est en consultation constante avec ma conscience par mes corps physique, éthérique, émotionnel, mental et spirituel.

Dans ce contexte, renoncement veut dire faire de la place pour découvrir un plan plus vaste et plus élevé. Plus haut dans le sens d'élevé sur l'échelle de l'évolution, plus subtil et plus lumineux. Renoncement signifie aussi s'octroyer la liberté de refuser quelque chose, dans ce cas la nourriture matérielle.

C'est la décision consciente de se nourrir d'une nourriture qui est intrinsèquement de meilleure qualité. Ainsi, il est à peine justifié de parler d'ersatz ou de remplacement car cela impliquerait une qualité équivalente. Toutefois mon intention est une permutation au pranisme, le choix d'une alternative de haute qualité au niveau de la nourriture favorisant ainsi une nette amélioration aussi bien énergétiquement que du point de vue santé. J'en fais le rapport ici.

Déjà dans l'enfance, je savais que l'être humain pouvait vivre sans manger ou très peu et en dormant moins. Il me semblait urgent d'atteindre cet état car je comparais la routine quotidienne à la course du hamster dans sa roue, avec la réduction radicale de la liberté et de l'évolution de l'humain, dont le destin est ainsi voué à procrastiner.

Cela engendre toute une logistique, de la chasse au gibier jusqu'aux emplettes dans le supermarché de luxe pour se limiter à la consommation alimentaire.

Notre société est basée sur le principe de la surexploitation et de la multiplication des simples besoins de base. Le but final étant d'en tirer autant de profit que possible. Ainsi, il en résulte un enchaînement inévitable de dépendance et de consommation, qui est accentué par l'obligation de travailler, pour survivre et perpétuer cette addiction compulsive à la consommation. Bref, un esclavage permanent et sans issue.

Amusez-vous bien ! On fait ce que l'on peut pour en prendre son parti. Jusqu'au jour où l'on gagne une autre perspective : une façon créative de gérer son comportement de consommateur plus consciemment.

La vraie nourriture de l'être humain, sa vie intrinsèque d'origine subtile, son existance, sont par principe reliées avec les dimensions supérieures.

Dès mon enfance, j'ai eu le sentiment qu'une autre option est non seulement possible mais également justifiable et porteuse de nombreux avantages.

06.04.2017

Depuis, j'ai connu quelques déboires et les détours de la vie. Mon corps s'est familiarisé avec les changements de régimes et le jeûne. Ils le conservent jeune et frais, ce qui exige des connaissances, la capacité de s'observer ainsi qu'une grande considération envers le corps et ses besoins.

J'ai déjà tenté un PNP il y a deux ans. Ce fût une expérience intéressante, qui m'a conféré un vécu, un savoir et une compréhension validée et paticable pour la réalisation actuelle. Cette fois-ci, je m'y prendrai autrement. Je garderai les liquides mais j'exclurai les jus.

Depuis un an je suis devenue principalement vegan et je bois surtout des smoothies. J'utilise donc uniquement des fruits et des légumes biologiques, ainsi que des herbes de mon jardin, des algues, de la poudre de plantes amères et du Moringa. Les mois derniers, j'ai décidé de manger moins et de meilleure qualité. J'ai spontanément perdu un peu de poids. Un bien-être général s'instaure dans le corps ainsi que dans l'esprit. Je me réjouis du changement complet sur le mode pranique, que je souhaite sincèrement et ardemment. Toutefois, c'est le corps qui aura le dernier mot. C'est lui qui décidera de vivre finalement et uniquement de prana. Cette décision ne peut pas venir seulement de la tête.

Mon lien à la spiritualité est à la fois ma force, mon accompagnateur ainsi que mon conseiller. Parallèlement il est nécessaire de suivre et de respecter les réactions du corps. Aussi l'évolution psychologique sera observée et enregistrée.

11.04.2017 - 1er jour

Pleine lune dans le signe du scorpion.

C'est aujourd'hui mon premier jour de nourriture pranique. Ce matin, j'ai eu un traitement ostéopathique. J'ai immédiatement des douleurs au dos, ce qui est inhabituel pour moi. Il fait froid et je dois bien me couvrir. Les tisanes chaudes me font du bien. Je ressens à peine la sensation de faim. Je suis bien préparée grâce à mon changement préalable qui consiste à consommer de la nourriture vivante et des smoothies. Psychiquement, je suis prête et je me réjouis que mes cellules soient d'accord. Je tiens à prendre le temps nécessaire pour le processus afin de le vivre sereinement. J'ai fait des emplettes et quelques travaux dans le jardin.

Je remarque déjà une certaine sensibilité quand j'observe les personnes dans le métro et le bus. Depuis quelques mois, les sons disharmonieux et les odeurs désagréables me sont insupportables. Un raffinement des sens s'est déjà établi et la perception des pensées, des sentiments et des états d'âmes est devenue beaucoup plus subtile. La clairvoyance et la capacité de saisir le « nœud » du problème sont plus prononcées.

La nourriture subtile m'a fait du bien, elle m'a même réchauffé. Pendant la méditation, j'ai éprouvé le besoin de bailler fortement, un signe de relaxation et de lâcher prise. J'ai ressenti une grande joie au niveau du cœur. Le contact avec la lumière et son absorption sont pour moi un élixir de vie. Le fait que j'éprouve de la joie est une expression venant de l'âme qui m'indique que je suis sur le bon chemin.

La libération de la nourriture solide et physique et la réduction du sommeil sont d'anciens souhaits. Maintenant, le moment propice est venu ainsi que la possibilité très spéciale de concrétiser ces aspirations. Je m'y suis préparée en toute conscience et en profondeur. Tout cela me rend heureuse et je me sens portée par une véritable joie. C'est ma manière de faire une contribution au Grand Tout, à l'évolution de la terre et de l'humanité ainsi qu'à la communauté croissante des personnes praniques qui vit éparpillée dans le monde. Ce sont mes motifs et mes buts.

Pour avoir chaud et apaiser mes douleurs de dos, je prends un bain avec une argile thérapeutique originaire de Suisse. Je suis remplie de gratitude en cette fin de journée.

12.04.2017 - 2ème jour

La lune est sous le signe du scorpion et apporte le courage, le besoin impulsif du changement et la disposition à terminer les cycles, pour en commencer de nouveaux ; la mort et la renaissance dans le cadre de l'évolution par le travers de la force du changement.

Pour mon voyage intérieur, j'ai besoin de temps et d'espace afin d'y façonner mon propre territoire spirituel à un rythme très individuel ainsi que d'être guidée vers la découverte de mon inspiration et de ma créativité originelle. Cela est nécessaire sans aucune ingérence étrangère dans mes besoins et dans ma vie. Ce qui risquerait de m'imposer un rythme étranger. Je compare ces deux aspects opposés, quelquefois même radicalement, jusqu'au point où je ressens quelques influences de l'extérieur comme un pur empiètement, une perturbation qui peut s'avérer être une interruption de mon propre flux d'énergie vitale ou une distraction de l'orientation de mon intention sur l'objet auquel je veux la consacrer.

Bien sûr une telle attitude ne doit pas dériver dans la misanthropie. Et même si le repli sur soi est une source d'inspiration et d'équilibre, il ne doit pas devenir synonyme de vouloir échapper au monde. C'est un défi pour chaque recherche spirituelle que de garder un équilibre entre l'intérieur et l'extérieur. Que rencontre-t-on quand on se repli sur les espaces intérieurs : des pensées et des émotions non assimilées, des problèmes journaliers, des planifications concrètes et matérielles ? Ou bien la perspective s'ouvre-t-elle sur une source supplémentaire d'inspiration, d'introspection et de discernement ?

Si l'espace intérieur est un endroit de rencontre avec des idées et des énergies de provenance de sphères supérieures, alors il y a un mariage qui engendre quelque chose de nouveau dans le monde ou au moins dans le microcosme personnel.

Toutefois tout ce qui a lieu dans le cadre personnel alimente aussi le macrocosme et vice versa par l'intermédiaire des champs quantiques unifiés.

Les physiciens et les métaphysiciens concluent qu'il n'existe ni intérieur, ni extérieur. C'est le grand paradoxe des différentes couches de la réalité. À un certain niveau tous les êtres sont un. À un autre niveau, il s'agit de prendre ses responsabilités individuelles dans la conscience que chaque action a des répercutions sur la totalité.

Le « non seulement mais encore » s'installe graduellement dans un monde où la terre augmente son taux vibratoire et invite à une rencontre avec les sphères supérieures justement où celles-ci abaissent leurs fréquences pour inonder le plan terrestre.

Beaucoup de personnes, ainsi que des enfants, qui ont vécu des expériences de mort imminente, ont des mémoires de vies antérieures, d'expériences méditatives ou autres expansions de conscience réprimées ou tues, les révèlent maintenant et réussissent enfin à attirer l'intérêt de la science.

Les plans s'entremêlent : le moine, le sannyasin quitte l'ashram et suit imperturbablement son chemin dans le monde. Ainsi il entreprend régulièrement des retraites vers l'esprit et prend soin du lien à la vie spirituelle pour pouvoir vivre et se développer pleinement dans les deux réalités.

La nuit s'est bien passée. La musique spirituelle m'a profondément nourrie. Du point de vue physiologique j'ai eu des selles. Maintenant j'éprouve le besoin de bouger.

Je pratique la méditation deux fois par jour et je cultive un ressenti calme, paisible et harmonieux. Aujourd'hui, j'ai fait plein de choses et j'ai passé beaucoup de temps en ville. Je suis sensible sans être hypersensible, ce qui m'arrive quelquefois. J'aspire la beauté et l'amour de mon entourage comme si je pouvais me nourrir de l'émanation des fleurs et des arbres printaniers en fleurs. Un jeune couple d'amoureux joyeux dans le jardin botanique me comble d'un nectar subtil et harmonieux. Je suis toujours sensible à la beauté, aux couleurs et aux émotions agréables, mais aujourd'hui dans ce cadre splendide, l'opulence florale semble assouvir mon appétit non matériel dans la profondeur de mon être.

Hier comme aujourd'hui, mais de manière encore plus intense et plus longtemps, je ressens une joie intrinsèque, qui me touche jusqu'aux larmes. Et tout d'un coup je réalise que j'ai rarement ressenti cette émotion pure ces derniers temps. De la satisfaction oui, l'anticipation joyeuse du processus oui, mes pas de larmes de joie. Merci d'être de retour ! Je parlerais même de bonheur tant le ressenti est intense et émouvant.

Physiquement j'ai des tensions au niveau des lombaires. Je suppose que ce sont des douleurs de désintoxication. Pendant la méditation je baille fortement comme hier. J'observe également en écoutant de la musique ce matin que l'audition de mon oreille gauche s'est améliorée. Ainsi les deux oreilles fonctionnent maintenant aussi bien. Mais je vais tester ceci pour en être sûre.

Je ressens à peine la faim. Ma préparation longue et fondamentale a programmé les cellules au préalable.

Le soir, je communique avec H.M. Il me donne de bons conseils et confirme mon besoin de me mouvoir. Il est important de beaucoup boire et de bouger pour que les dépôts accumulés dans les muscles et les articulations par le stress, les toxines et les métaux lourds soient éliminés activement. Je connais ces mesures de mon travail d'infirmière à la clinique Bircher-Benner.

Maintenant je suis fatiguée, je me couche tôt.

13.04.2017 - 3ème jour

Pendant la nuit je me lève souvent pour uriner. Sinon le sommeil est long et profond, je suis réveillée une fois par la faim. Je l'assouvi avec quelques gorgées d'eau.

Je suis très active également aujourd'hui, ce qui me fait du bien mais j'éprouve aussi un fort besoin de paix et de repos. Je dois toujours m'ancrer et activer ma vitalité pour équilibrer la tendance à quitter mon corps.

J'ai de légères arythmies cardiaques que j'ai également connues durant mon dernier processus. Toutefois mon cœur se calme quand je m'harmonise intégralement. J'ai soif et je bois beaucoup, j'ai grand plaisir à boire de bonnes et fines tisanes. Je préfère boire chaud et même très chaud pour me réchauffer. J'ai du mal à supporter le froid et je dois prendre soin de m'habiller suffisamment.

Ma langue est un peu chargée, les légers maux de tête d'hier soir ont disparus. Les douleurs d'élimination des muscles se dissipent facilement grâce à l'activité physique et à l'absorption de liquides.

Je m'aime et m'estime davantage que d'habitude. J'ai confiance et tout me semble simple.

Je ressens le besoin de nettoyer à fond non seulement mon corps mais aussi mon appartement que je veux absolument mettre en ordre. Je découvre un nouvel accès au concept de l'ordre et au fait d'être ordonnée, non seulement dans le sens habituel mais dans le savoir d'une forme d'ordre inhérente dans laquelle tout est juste tel quel, parce que tout est à sa place, à la place qui lui est assignée dans le Grand Plan.

De temps à autre apparaissent des images et des ressentis où j'ai subi des maltraitances durant des incarnations précédentes. Elles disparaissent pour réapparaitre peu de temps après dans ma conscience. Elles ne me préoccupent pas, toutefois elles sont présentes.

Mon état présent me rappelle un peu l'époque où j'ai arrêté de fumer. En fait il s'agit également maintenant d'un sevrage et de me libérer d'une accoutumance.

Ce matin après avoir fait du ménage et mis de l'ordre, j'ai le besoin de me nettoyer les oreilles, le nez, la langue et l'intestin. En tant qu'infirmière avec une bonne base pratique et théorique en naturopathie et grâce à de nombreuses formations dans le domaine spirituel, je possède un savoir bien fondé dont je profite tout autant sur le plan matériel que sur le plan subtil. Ainsi, je suis capable d'observer les différents aspects et d'intégrer leurs relations dans mes soins. La capacité de m'observer moi-même de façon précise est extrêmement importante car elle me permet d'enregistrer à quel niveau je me trouve, de déchiffrer mes besoins, afin de les harmoniser, les satisfaire et d'en faire un bilan correct avec des conclusions justes.

Je suis reconnaissante d'avoir appris à faire le lavement de l'intestin. C'est une simple procédure qui doit être accomplie soigneusement, car il y a quelques points importants à considérer. Tout le monde devrait connaître ce procédé simple de nettoyage de l'intestin car il peut alléger des disharmonies variées : des maux de tête jusqu'au teint pâle, contre le coup de froid et la faiblesse générale. Le lavement est une procédure qui a fait ses preuves, une aide véritable soit pour autrui ou pour soi même (auto assistance). Mais qui souhaite s'occuper des excrétions dans cette société si propre ? On préfère avaler quelques tablettes, faire des examens coûteux pour prévoir où la prochaine maladie va se développer dans le corps, n'est-ce pas ? Ce n'est pas de la prophylaxie mais plutôt une prophétie, une anticipation que le corps va se détériorer et devenir malade. Ceci ne fait pas parti de ma réalité.

Comme je l'ai mentionné plus haut, l'observation est d'une énorme importance. J'observe mon urine régulièrement et j'en conclus que l'élimination est en pleine activité. Je bois donc davantage jusqu'à ce que l'urine soit entre jaune clair et pratiquement incolore. Dans la vie normale aussi, il est adéquat d'ajuster l'ingestion des quantités de liquides aux besoins personnels au lieu de boire systématiquement deux à trois litres par jour comme il est recommandé généralement.

Chaque personne est un être individuel qui réagit individuellement à la température, l'effort, la nourriture et ceci en rapport avec sa constitution et de nombreux autres facteurs. En observant la couleur et l'odeur de l'urine on peut déterminer de façon très individuelle la quantité de liquides pour chaque être unique en temps réel, dans l'ici et maintenant. Dans le cas d'une absorption exagérée de liquides, les minéraux et les oligoéléments sont éliminés en grande quantité. Il en résulte une carence qui doit être comblée souvent artificiellement, même chimiquement. C'est l'industrie pharmaceutique qui en profite. Pourquoi ne pas simplement suivre les messages et les signes du corps physique ?

Votre corps vous parle constamment, écoutez-le ! L'eau pure, filtrée est définitivement meilleure que les autres fluides mais c'est encore une autre histoire.

L'après-midi, je me sens fatiguée et j'ai envie d'être au calme et en paix. En écoutant de la musique spirituelle, je me sens nourrie dans mon fort intérieur.

Aujourd'hui j'ai dédié un bouquet de fleurs à mon PNP dans les tons verts clairs, magenta et rose. J'interprète les couleurs de la manière suivante : vert clair pour un nouveau commencement dans la lumière et la vérité. C'est le chemin sans compromis d'Hilarion, un maître ascensionné intransigeant, qui récompense l'élève généreusement quand il/elle a compris la leçon. Astrologiquement il est influencé par Saturne, dont la tâche est de nous rappeler l'intention originelle de nôtre âme préalablement à l'incarnation. Magenta représente l'expression de la guérison et de l'amour divins. Dans cette couleur est également inclus l'idéal, la plus haute représentation de ce que l'âme veut atteindre dans cette vie en alignement avec le chemin suivi par l'essence entre Alpha et Oméga. Le rose conjure l'amour qui implique tout ce qui est. J'ai placé chaque fleur avec son accord dans un certain ordre, afin de marquer les différents niveaux de la conscience. En effet dans ce processus, il s'agit de conscience et d'attention dans des domaines variés mais aussi de faire un pas après l'autre, d'un niveau à l'autre. La forme du bouquet est élancée. Bordées de tons vert clair et vert foncé, les anémones de couleurs magenta, dessinent une spirale qui s'élève vert le haut. Tout en haut, comme si elles occupaient le trône, les fleurs rose clair. Deux œillets vert tendre avec de délicates lignes roses sur les pétales s'élancent en avant et se joignent au seul œillet au ras de l'ouverture du vase. Tous les trois constituent un triangle qui symbolise le lien que j'entretiens avec ma guidance. Comme j'ai la capacité de communiquer avec les plantes, j'obtiens l'information que l'une des deux renoncules blanche décorée de fines lignes violettes se sent trop à l'étroit. Elle préfère être seule dans un petit vase. Ce sont précisément les couleurs et l'ordre symbolique des fleurs qui font du bouquet un miroir de mon processus. J'aimerais encore ajouter que les œillets possèdent une vibration élevée et qu'ainsi ils facilitent la communication avec les niveaux supérieurs.

Le soir venu je me couche tôt.

14.04.2017 - 4ème jour

La nuit a été longue mais agitée car je me réveille avec de forts battements de cœur. Je me souviens l'avoir vécu vers la fin du dernier processus et aussi en pensant à des situations qui me tourmentent par leur injustice ou leur ignominie comme la guerre, la prostitution, la pauvreté créée de toute pièce. Cette nuit la lavande m'aide à me rendormir.

Mais le matin, quand je me lève il est évident que la circulation est affaiblie et que la tension est très basse, si basse que je n'arrive pas à me tenir debout. En essayant de me faire un café, mes forces me lâchent et je transpire. Je m'allonge parterre avec les jambes surélevées. Cela suffit pour faire remonter la tension et pour que je puisse me relever et me diriger vers l'armoire de la cuisine pour prendre une pincée de sel et me faire le café.

Dès que ma circulation est de nouveau stable, j'ai envie de sortir dans le parc. Même si je suis un peu faible au début, je regagne mes forces. Je découvre un cygne qui a construit son nid près de la rive. Jamais auparavant je n'ai vu un cygne couver et cela m'impressionne beaucoup. J'irai souvent lui rendre visite discrètement bien sûr. Au bord de la route, je trouve du muguet, j'en cueillerai quelques brins quand il sera en fleur.

Rentrée à la maison je pratique la méditation qui m'accompagne pendant la transition et me nourrit de prana. Les tisanes chaudes me font du bien et surtout elles me fournissent la chaleur dont j'ai tellement besoin. C'est Pâques et il fait encore froid. J'ai sûrement perdu du poids et cela me rend plus réceptive au froid.

La chatte qui hante le quartier depuis plusieurs mois et que différents voisins nourrissent me rend visite de temps à autre. Elle communique ses souhaits télépathiquement mais aussi par son comportement et son miaulement guttural. Dès notre rencontre, je vois dans son aura qu'elle est malade et affaiblie. Je la traite depuis une semaine. Après un rapprochement un peu difficile au début elle monte maintenant sur mes genoux où elle a dormi cet après-midi sur la terrasse. Nous y avons toutes deux pris grand plaisir jusqu'au moment où le froid m'a saisie et j'ai dû interrompre son sommeil pour rentrer, ce qu'il lui à visiblement beaucoup déplu et la fait miauler ardument. Je suis gelée.

Mon inspiration me conseille d'utiliser un bâton d'antimonite pour nettoyer mon aura et pour calmer mon pouls un peu élevé, ce qui s'avère avantageux. Le minéral m'aide aussi à m'ancrer. Puis j'obtiens l'instruction de respirer jusqu'au niveau du ventre. Je me sens mieux. Tout cela m'aide partiellement, toutefois vers 17.30 heures mon rythme cardiaque est toujours très accéléré, ce qui me rend nerveuse. Je me traite aussi avec la couleur violette et je me transmets l'énergie d'une fleur de Bach.

La tachycardie continue. Je prends du sel et je transmets l'onde de la couleur noire dans mon aura. Je ressens tout de suite une amélioration et le rythme cardiaque se calme. J'ai fait mes exercices physiques ainsi que le nettoyage de la langue, du nez et des oreilles.

En outre, j'ai envie de mettre de l'ordre dans mes affaires. C'est étonnant car je ne suis pas désordonnée d'habitude. Chaque chose a sa place. Mais il y a toujours quelque chose à ranger ou une nouvelle place à trouver. Parallèlement au processus, j'ai développé cette obsession avec la propreté et l'ordre. À vrai dire, je me réjouis du jour où je nettoierai l'appartement entier avec les microorganismes efficaces afin que tout scintille lumineusement car je perçois leur effet dans l'aura du lieu.

Je ne suis plus tourmentée par les pensées perturbantes en relation avec mes vies précédentes. Je n'ai aucune faim et aucun intérêt pour la nourriture.

Ce soir, je reste plus longtemps éveillée car la fatigue m'atteint seulement plus tard en comparaison des 3 jours précédents où j'étais exténuée très tôt dans la soirée. Enfin, les palpitations cardiaque se sont calmées.

Je me sens très bien, ce qui est réjouissant, par rapport à mon état au lever.

15.04.2017 - 5ème jour

Aujourd'hui la tachycardie m'accompagne toute la journée mais moins intensément qu'hier. La musique « La voix du cœur » ainsi que l'utilisation de l'antimonite sont bénéfiques. J'applique aussi le programme d'harmonisation des Trois Niveaux du cœur : le cœur physique, l'émotionnel et le spirituel.

Je suis sensible au froid, ce que je ne connais plus depuis la ménopause. J'ai besoin de vêtements chauds, de chauffage et d'une bouillote. Mais il faut avouer qu'il fait vraiment très froid. J'ai de légères douleurs de dos que les remèdes utilisés ne soulagent pas efficacement. Ce soir je prendrai un bain avec une argile spéciale. Particulièrement en lisant, je remarque que ma vue a sensiblement baissé, ce que je prends pour un signe désintoxication.

L'après midi, je ressens une certaine fatigue qui se dissipe toutefois après une courte pause. Par la suite, je suis pleine d'entrain et je nettoie la cave d'où je remonte la littérature que j'avais rassemblée il y a deux ans sur le PNP. Puis, plus tard je me rends au jardin des plantes. La musique, les fleurs et les plantes me nourrissent et m'enthousiasment.

Je charge énergétiquement de l'eau pour « une installation définitive du prana à tous les niveaux » : physique, éthérique, émotionnel, mental, intellectuel et spirituel jusqu'au 1er mai de façon douce et sûre. Merci. En fait je me suis distancée du concept d'installation du prana car la lumière est toujours présente et partout, nous baignons dedans et nous en faisons parti. Il s'agit d'une reconnexion, d'une activation ou pour être précise de la ré-activation d'une fonction qui est déjà existante, même latente et non pas de quelque chose de nouveau qui est étranger et doit être mis en place.

Demain je commencerai la programmation du poids afin de ne pas perdre trop de kg, car je n'ai pas beaucoup de réserves.

Je suis heureuse et reconnaissante de faire enfin le processus des 21 jours. Je me sens guidée et protégée.

16.04.2017 - 6ème jour

Pendant la nuit, j'ai de fortes palpitations. Au lever la tachycardie s'accentue encore davantage. J'enregistre mes réactions et je me charge de les équilibrer. Je me traite énergétiquement ainsi que par la radionique sans instrument. Je suis capable d'observer mon état et je sais que tout se passe dans un cadre sain.

Comme on peut s'y attendre au début, je perds du poids. Je remarque un hématome à un emplacement qui est souvent légèrement douloureux et sensible bien qu'il n'y ait aucune blessure visible. Cependant au niveau des cellules, il y a bien un petit traumatisme qui se dissout maintenant. Cela fait parti des réactions et des petits évènements de la première semaine : les malaises au niveau physique montent à la surface et deviennent perceptibles afin que leurs mémoires se dissolvent.

Mon appartement est radieux et même la cave dont je monte le linge m'apparaît lumineuse. Ma perception est modifiée et purifiée par le prana. Et puis, je suis me sens en pleine forme et j'ai un besoin de bouger très prononcé. Il fait froid dehors et il pleut mais en dépit de cela, j'ai hâte de sortir et de faire une belle ballade énergique.

Ma sœur m'appelle alors que je commence à m'habiller pour sortir. Il y a trois semaines nous avons eu une conversation intense et nous avons éclairci quelques unes de nos différences pour enfin nous réconcilier. Depuis, notre confiance mutuelle s'est approfondie, ce qui allège mon cœur. Je lui parle de mon PNP. Elle s'y intéresse sans juger et elle comprend qu'il est important pour moi. Je dois la freiner car nous parlons déjà depuis presque une heure et je ne tiens plus à la maison. Il faut enfin que je me débarrasse de mon énergie et pour cela je vais faire une longue ballade dans le parc.

Comme je l'ai mentionné plus haut, j'ai énormément de forces. Je dirais même un excédent, que je veux dépenser en marchant rapidement. Alors que je suis en chemin, de ce pas brusque, j'ai un contact de ma guidance intérieure. Il y a plusieurs choses que je dois reconnaître, qui par la suite m'apporteront une plus grande paix. Je reçois pour ainsi dire un résumé des jours précédents surtout en ce qui concerne les maltraitances des incarnations précédentes. Les mémoires cellulaires de ces tortures s'expriment par l'activité excessive du muscle cardiaque. En effet, revivre des expériences qui sont encore à assimiler fait parti du processus. Il est en fait presque trop tôt pour cela car durant la première semaine on s'attend plutôt à des réactions purement physiques. Pourtant j'apprends immédiatement les corrélations. Puis, il y a encore d'autres faits intéressants qui me viennent à l'esprit.

Voici l'explication : dans mon cas cela concerne mon long travail sur moi-même ainsi que mon activité thérapeutique. Le deuxième thème qui affecte les palpitations cardiaques est relié à mes expériences prénatales. Ainsi je gagne un aperçu de l'atmosphère qui régnait autrefois entre mes parents ainsi qu'au moment de la conception. Ceci a imprégné mes cellules de certaines informations. En effet, je suis en état de confirmer ces révélations actuelles grâce à l'introspection gagnée au cours de régressions, grâce à des récits de ma mère et par des perceptions et des souvenirs rassemblés pendant des sessions thérapeutiques. J'apprends également que mon âme a choisi ce couple de parents dans l'intention bien précise d'effectuer une guérison profonde et une transformation spirituelle qui a lieu entre autre en ce moment.

La tachycardie se calme mais ne disparaît pas complètement. Je rentre à la maison où une surprise m'attend.

Qui est dans le jardin ? La chatte Isabelle que j'ai entre temps nommée Mimine. Elle entre et accepte mon invitation de s'assoir sur mes genoux pour la première fois à l'intérieur. Mon traitement lui fait du bien et son aura s'élargit. Elle est confortable et elle ronronne comme elle ne l'a jamais fait avant. Tout au début de notre amitié elle était très avare en ronronnements. Je l'avais même nommée « la chatte qui ne ronronne pas ». Toutefois elle est très pensive et scrute l'appartement de fond en comble de cette position avantageuse sur mes genoux. Vingt minutes plus tard elle, se dirige vers la porte et tente de l'ouvrir avec sa patte. Et ciao !

Je suis lasse et un peu affaiblie par ce travail intérieur et par l'hyperactivité de mon muscle cardiaque. Je me mets à l'aise sur mon bean bag (un gros coussin) et je m'enveloppe dans une couverture pour être bien au chaud et protégée. Une nouvelle inspiration m'apprend alors qu'il y a encore un fait qui contribue aux causes de la tachycardie. Pour cela, je dois apaiser mon mental. Donc je me mets dans un état de méditation où j'atteins une profonde relaxation, tout en ciblant mon attention très précisément sur le sujet.

La journée se termine paisiblement. Je bois beaucoup de liquide, je n'ai aucune faim et mon cœur se calme progressivement.

J'ai peu de clients durant le processus, je fais surtout du soutien à distance avec des retours téléphoniques. Juste maintenant une mère satisfaite vient d'appeler. Son fils répond bien au travail que je lui projette.

17.04.2017 - 7ème jour

Sommeil plus court et régénérant de 6 heures.

Je me sens légère et en pleine forme. Les palpitations n'ont pas encore disparu complètement. Le prana a nettoyé et vidé l'intestin complètement.

Je travaille sur mon corps émotionnel avec la radionique afin de le purifier également. Pour la première fois depuis quelques jours, je vais en ville et je suis surprise de voir combien je m'y sens à l'aise, pour ainsi dire comme d'habitude. Je voulais me ménager les premiers jours parce que mon ancrage était labile et je me sentais un peu fragile. Donc je ne voulais pas m'exposer à l'atmosphère de la grande ville. Mais maintenant mon état est plus stable.

Je m'occupe beaucoup à la maison et je rempli pleins de tâches qui ont été négligées pendant la routine de la vie quotidienne. J'ai grand plaisir à trier et ordonner mes dossiers de travail car ils allègent mes recherches. En fait mes notes resteraient incompréhensibles pour un observateur extérieur car elles sont très personnelles. Oui, elles donnent une impression très ésotérique : elles sont le résultat d'années d'expérience et d'un vaste rassemblement d'informations.

Elles m'aident à détecter en peu de temps les perturbations des corps subtiles et à trouver la solution qui les équilibrera.

L'humeur est aujourd'hui généralement paisible et disposée à la réflexion. Je suis très heureuse de faire le processus : c'est une aventure qui me permet de dépasser mes limites pour atteindre une dimension spirituelle supérieure et découvrir un tout autre mode de vie. Les vieux schémas ne fonctionnent plus ni au niveau personnel, ni au niveau de la société.

18.04.2017 - 8ème jour

Dès le lever, la journée commence avec le thème de ma santé. Il a neigé pendant la nuit et je ressens toujours très distinctement l'influence de la neige. Déjà au réveil, je remarque que ma circulation est faible et ma tension basse. J'ai du mal à me tenir debout. J'arrive avec peine à atteindre la cuisine pour me faire une tisane yogi qui active le yang. J'utilise de l'huile essentielle de vétiver pour me connecter à la terre et me donner de la force. Je me souviens d'une phase très éthérique dans la jeunesse où je détestais le vétiver. Ce matin, je trouve cette huile non seulement intéressante mais aussi agréable et surtout bienfaisante. C'est pour moi une découverte fascinante. Progressivement, je me sens mieux, mais cela prend du temps jusqu'à ce que je puisse me tenir debout et me déplacer dans l'appartement.

Enfin la circulation se rétabli et je peux m'adonner à des occupations journalières, entre autres bien aérer et purifier les pièces avec de l'encens. Et qui me rend visite ? Voilà Mimine dans mon appartement au rez-de-chaussée. La plupart du temps je ne la vois, ni ne l'entends rentrer et je laisse échapper un petit cri de surprise. Mais maintenant elle me connaît jusqu'au fond de l'âme et elle ne se laisse pas impressionner par mon cri. Sa visite est très courte car les gens la nourrissent de nouveau et elle ne touche pas ce que j'ai acheté pour elle. Je continue à la traiter grâce à la radionique et son état s'améliore à vue d'œil.

La neige a fondu et le soleil brille. Il faut que je sorte et que je bouge. C'est bon pour la circulation.

La ballade énergique m'a revitalisée.

Pendant le processus j'ai du mal à supporter le froid. C'est normal car la digestion produit de l'énergie et de la chaleur comme j'ai remarqué les fois où j'ai mangé tard. J'ai dû y renoncer car la chaleur engendrée par la digestion tardive me réveillait et m'empêchait de me rendormir. Comme mon organisme n'est pas encore adapté complètement au prana le thème du froid est tout à fait actuel pour moi. Dans l'appartement le chauffage est beaucoup plus chaud que d'habitude en hiver.

Je fais des progrès au niveau spirituel. Dans un état hypnagogique me sont apparus un loup et une araignée. Le loup s'est déplacé de la droite vers la gauche d'un pas plutôt nonchalant, sans même me prêter attention. Peu après apparait une très belle araignée avec des couleurs luisantes psychédéliques. J'éprouve pour elle immédiatement une forte attirance. Ce sont mes deux animaux de pouvoir. Leur comportement me permet de décider si les instincts sont en accord avec le processus. Le fait qu'ils le sont est confirmé par leur comportement paisible. Je peux m'adresser à eux quand j'ai besoin de soutien.

Le loup symbolise la liberté, la famille et le clan. L'araignée tisse les évènements personnels et collectifs du monde. Elle est extrêmement importante car elle tisse la toile de ma réalité. Numérologiquement, elle correspond au chiffre 8. Elle représente l'éternité et l'immortalité. J'ai toujours eu une prédilection pour les araignées et dans ma jeunesse j'en gardais plusieurs dans des terrariums. Ce sont les seuls animaux qui puissent s'adapter absolument partout, dans l'eau, dans les grottes obscures et jusque dans la stratosphère. Il en existe de nombreuses sortes variées dont plusieurs ne sont pas encore classifiées. Ma fascination pour elles m'a même motivée à joindre alors la Royal Society for Arachnology d'Angleterre. Non, je n'ai pas contribué à ses recherches scientifiques mais j'étais impressionnée que d'autres passionnés aient constitué une association. Je suis toujours heureuse d'offrir un havre de paix aux araignées en automne et en hiver car il paraît qu'elles portent chance et qu'elles n'habitent que les maisons avec une bonne atmosphère. J'aime les observer, elles agissent de manière très subtile en réagissant sensiblement au moindre bruit et à toute autre altération dans l'environnement. Mais au printemps, elles doivent quitter l'appartement si elles ne sont pas déjà retournées d'elles même dans la nature.

Dernièrement j'ai remarqué que mon travail de radionique s'intensifie et s'améliore. Ma perception de l'aura est plus détaillée et exact.

19.04.2017 - 9ème jour

Ce matin mon état général s'est amélioré, mais ma force habituelle me manque et mon cœur bat encore trop fort même si son rythme est plus tempéré. Je souffre un peu moins du froid. On recommande de faire le processus plutôt par temps doux car la perte de poids entraîne toujours une sensibilité au froid. Je ne m'étais vraiment pas attendu à ce qu'il neige à Pâques !

Aujourd'hui, je fais une expérience inhabituelle. Chaque matin je bois mon café avec grand plaisir depuis des années, ces derniers temps de préférence du café sauvage d'Ethiopie. Mais ce matin, je n'en ai pas envie. Mon corps n'en a plus besoin, il n'en veut pas. Le sevrage du café peut être très désagréable et même provoquer des maux de tête douloureux. J'ai accompagné beaucoup de patients pendant le sevrage à la clinique Bircher-Benner. Ils en ont souvent souffert, non seulement des heures mais des journées entières. J'en conclus que le café en grande quantité et bu régulièrement produit une accoutumance. C'est également un alcaloïde. Je m'attends donc à avoir des maux de tête. Mais il n'en est rien, la journée se passe très bien, non seulement sans douleur mais les forces reviennent et en fin de journée, je me sens en pleine forme.

L'après-midi je passe plusieurs heures en ville. Je rencontre une amie qui me demande comment j'ai passé Pâques. Jusqu'à maintenant j'ai partagé mon projet de PNP et sa concrétisation seulement avec peu de personnes. Je ne vais certainement pas le mentionner sans raison précise, mais je réponds sincèrement à chaque question qui m'est posée. En aucun cas, je vais purement inventer une histoire pour faire plaisir aux gens qui s'attendent à une réponse standardisée. L'idée d'entamer le PNP est une des plus importantes décisions de ma vie, je me suis informée durant plusieurs années, je me suis préparée pendant deux ans avec beaucoup de détermination et un désir ardent. J'en suis complètement convaincue.

C'est pourquoi je réponds à la question de Brigitte de façon concise mais authentique. Tout d'abord elle ne comprend pas ce que je tente de lui expliquer. En fait, cela n'a rien à voir avec la compréhension ou l'intelligence mais plutôt avec les œillères, le formatage et les croyances bien enracinées. Alors que j'essaie de fournir des explications supplémentaires, je me rends compte que sa capacité d'enregistrement est saturée. Puis elle commence à me donner des conseils.

Aujourd'hui, je suis en pensées avec mes ancêtres. J'ai eu la chance de connaître mes grands parents ainsi que mes arrières grands-parents. En tant qu'enfant j'ai profité d'une grande liberté et on a souvent consulté mon avis : quelle langue je voulais apprendre, si je souhaitais faire des études etc. À l'âge de dix huit ans, après le bac, j'ai déclaré que je voulais découvrir la vie et le monde, que je voulais aller vivre en Angleterre. Mes parents m'ont donné d'amblée leur consentement. Maintenant je suis en état d'apprécier ce que j'ai reçu de ma famille. Mais pendant longtemps je me suis plutôt concentrée sur les obstacles familiaux. Peut-être que cette attitude est reliée avec mon approche thérapeutique. Peut-être tient-elle à mon côté têtu.

Depuis ma plus jeune enfance je me souviens qu'une interdiction ou un découragement se transformait inversement en devenant la prochaine cible à atteindre, que ce soit dans les deux jours à venir ou dans vingt ans. Des réflexions comme « Tu ne vas pas y arriver ; non, ça, ça ne marche pas, on ne peut pas faire ça, impossible ! », devenaient les plus fortes impulsions et motivations que l'on puisse me donner pour activer mon esprit de résolution et de détermination. J'ai souvent entendu ce genre de réflexion de la bouche de mon arrière grand-mère. Non pas de mes parents qui m'ont tant donné à travers leurs caractères opposés. De ma mère je tiens l'intuition, l'émotionnel, la capacité d'aimer, la compassion mais aussi l'amour de la nature et son panthéisme. Mon père est autodidacte et aux talents multiples : intellectuel, artiste ainsi que politiquement actif jusqu'à un âge avancé. Il s'est également intéressé au chamanisme dans les dernières années de sa vie.

Pendant longtemps j'étais frustrée que ma famille ne soit pas ouverte à la spiritualité. Toutefois ses membres étaient ouverts à d'autres choses. Les femmes plutôt dans des domaines pragmatiques, les hommes dans des rôles de pionniers. Ils appartiennent tous au courant du renouvellement, qui fait avancer l'évolution. Maintenant et en particuliers aujourd'hui, je reconnais combien le choix de ces parents et de naître dans cette famille est en accord avec mon chemin de vie. Je les remercie du fond de mon cœur. Je suis également reconnaissante qu'ils n'exercent pas d'opposition à mon PLP, ce qui pourrait tout à fait être le cas même de l'au-delà. Au contraire, je les vois sourire et ils me donnent l'impression d'agréer. D'un côté ils se réjouissent avec moi parce qu'ils sont tolérants, d'une autre part parce qu'ils respectent ma décision, même s'ils ne comprennent pas l'enjeu.

20.04.2017 - 10ème jour

Aujourd'hui il y a du changement : mes forces reviennent et les palpitations se calment. L'intestin s'est vidé, ce à quoi je ne m'attendais pas au 10ème jour. Le métabolisme continue à fonctionner, donc l'élimination continue.

Aujourd'hui j'ai la tête claire et je mets beaucoup de choses à jour.

Ces derniers jours, j'ai confronté mes peurs à cause de la tachycardie. Il est intéressant de savoir que les irrégularités du rythme cardiaque sont l'origine principale d'admissions hospitalières et que ce symptôme affecte tous les âges à travers la population. Les palpitations sont effrayantes parce qu'elles nous dérobent le souffle et elles sont reliées à la peur de mourir. Le cœur mémorise les blessures et les schémas suivants : vouloir être aimé et accepté, ne pas s'accepter soi-même, se fermer par peur d'être blessé, ce qui entrave également l'expression du cœur.

Le cœur est l'organe de la relation à autrui et avec le Grand Tout, avec tout ce qui est le vivant. Et tout est vivant. Le cœur est le réservoir des émotions, des sentiments et du ressenti mais aussi de l'intelligence émotionnelle. Où sont l'intuition, la sympathie, la compassion, la considération, l'ouverture, la liberté dans le cœur encapsulé ? Tout y est bloqué. Le cœur est relié directement avec le système nerveux parce que ses contractions sont animées par les impulsions nerveuses. Et ces dernières sont finement et précisément connectées aux processus inconscients. Un système nerveux surchargé va décharger violemment son excès d'impulsions électrique sur le muscle cardiaque. Les chocs et les émotions sont des forces puissantes qui peuvent rendre malade si elles sont réprimées et supprimées.

Si parfois, elles se manifestent de manière véhémente et hors de l'habituel, elles vont être immédiatement placées sous contrôle médical au lieu d'éliminer la charge et de la transformer doucement et sûrement avec l'aromathérapie, les sels de Schüssler, des méthodes énergétiques et psychothérapeutiques etc. Et en conséquence, c'est une garantie pour développer une maladie cardiaque.

Rester calme et décontracté avec le support d'une méthode de relaxation : ce serait la chose à apprendre. Sans oublier un certain travail d'introspection sur soi sans lequel on a tendance à répéter le même comportement. Les réactions de mon cœur m'ont beaucoup révélé sur ma mère qui souffrait d'emphysème et sur cette société au cœur défaillant.

Grâce à la purification qui fait parti du PNP, je revis et je traverse un processus de transformation qui concerne les schémas de l'humanité en général. Courir aux urgences n'aurait aucun sens ; dans ce cas il serait préférable d'interrompre le PNP.

Mon exercice consiste à harmoniser tous les niveaux. La méditation journalière pour assimiler le prana ou la lumière (je préfère cette dernière désignation) s'avère être de plus en plus nourrissante et son rayonnement de plus en plus lumineux.

Ici j'aimerais expliquer la différence entre l'anorexie et la PNP : l'anorexie est une lutte avec l'ego et contient des éléments auto destructeurs. La nourriture pranique est un branchement ou un raccordement avec les sources lumineuses du cosmos. Pour cela le corps physique doit être sain. Une préparation de fond en comble est indispensable, un alignement spirituel quel qu'il soit est nécessaire et un véritable travail sur ses propres thèmes sont des conditions préalables. Une très bonne connexion à sa propre instance suprême est de rigueur. La PNP n'est pas un jeu pour les couards ou pour les adeptes ésotériques à la mode et ce n'est pas non plus une recette pour perdre du poids.

21.04.2017 - 11ème jour

La première moitié de la journée s'avère être un pur chaos émotionnel. Tout s'ordonne et se solutionne dans la deuxième partie de la journée.

Mes palpitations cardiaques reprennent de toutes allures. Mon cœur fait des bonds dans ma cage thoracique, ce qui me rend encore plus nerveuse. Je me réveille d'un rêve étreignant avec une note amusante. Il me rappelle des souvenirs de ma vie de femme mariée il y a plusieurs années. Je suis assise dans un restaurant très chic avec mon ex-mari. On me sert un met fort raffiné. Il est décoré par une délicate branche de lilas fleuri délicieusement parfumée. Je la regarde, étonnée, bien que je trouve l'idée originale et intéressante mais en même temps un peu ridicule. Je me demande : est-ce que le lilas est comestible ? Dois-je faire un compliment ? Est-ce que quelqu'un me joue un tour ? La situation devient de plus en plus grotesque et embarrassante et je me sens mal à l'aise, jusqu'à ce qu'un bruit extérieur me réveille.

Plus tard, je veux me rendre en ville pour aller chercher quelque chose. J'apprends que l'on ne peut plus le commander. Je m'impatiente énormément sur des petites choses en ce moment. Mais bien pire m'attend à la maison : des alarmes de catastrophes de mon cercle d'amis et de connaissances. Le tout est surpassé par une cliente que je suis radioniquement depuis trois semaines et qui vient d'être admise aux urgences avec des problèmes cardiaques aigus et la suspicion d'une maladie auto-immune.

Comment est-ce possible ?

Les battements de mon cœur déchirent presque ma cage thoracique. Je décide de boire une tisane et d'appeler l'aide des Mondes de Lumière. Ensuite je traite un cas après l'autre. Peu à peu la situation s'éclaircit.

Je considère cette constellation comme un miroir de certains empêtrements, dans lesquels je me laisse quelquefois embobiner. Aujourd'hui je suis servie ! (sans lilas pour garniture)

Première leçon : il faut prendre plus de recul des petites choses de la vie qui prennent quelquefois des proportions exagérées. C'est le syndrome de l'importance. En outre, j'ai la possibilité aujourd'hui d'observer mes schémas réactionnels et de faire le point sur certaines déformations de la réalité que je me suis crée.

Deuxième leçon : Il est fort appréciable que les médecins envisagent les pires éventualités dans le cadre du processus diagnostic, afin que toute possibilité du cheminement de la maladie soit prise en considération et que rien ne soit négligé. Mais ils devraient garder leurs réflexions pour eux au lieu d'infliger des chocs supplémentaires aux patients en mentionnant les pires diagnostics, avant même que l'état de la personne soit définitivement clarifié. Cette remarque est également applicable pour le personnel infirmier et tous ceux qui sont impliqués dans les examens. Ne sont-ils pas conscients, qu'ils causent énormément de souffrances supplémentaires par un tel manque de considération ? Il serait urgent d'avoir un peu d'empathie dans ce domaine.

J'ai tout de suite testé la sévérité de l'état de ma cliente. Effectivement, il y a plusieurs anomalies mais le danger n'est pas aussi grand qu'on le prétend. Quand je l'ai informée des résultats de mes mesures, elle s'est rapidement calmée et a retrouvé la confiance.

Et moi, je retrouve la paix et je profite du soleil dehors.

La forte perte de poids est freinée à la suite de l'information que j'ai chargée la première semaine. La peau ne pend pas, comme on pourrait s'y attendre après un une perte de graisse accélérée. C'est une différence très claire entre la nourriture habituelle et la nourriture pranique. Car n'oublions pas : il ne s'agit pas de perdre du poids mais de faire une purification à fond à tous les niveaux avec l'aide de la lumière, d'installer le prana et dans mon cas présent de me convertir complètement à la nourriture pranique.

J'ai atteint le milieu du processus. Enfin mon cœur bat paisiblement et régulièrement. Et demain est une nouvelle journée.

22.04.2017 - 12ème jour

Pendant cette douzième journée, toutes les contrariétés s'estompent. Même ma circulation retrouve son rythme régulier. Mon organisme est profondément décontracté et je commence à profiter des premiers résultats de la transformation. Je peux reprendre les exercices physiques auxquels j'avais renoncés à cause de la tachycardie, ce qui me fait particulièrement plaisir et beaucoup de bien parce qu'ils stimulent entre autre la chaleur dans mon corps.

C'est un fait, j'ai beaucoup de mal à supporter le froid à cause de la perte de poids. Mais finalement je n'ai perdu que le poids superflu et j'ai retrouvé la silhouette de ma jeunesse. La perte est compensée pour ainsi dire par la gracilité et en même temps la fermeté. Rien ne pend ou n'a l'air maladif. La peau de mon visage est plus claire et quelques anomalies de la peau que j'avais depuis des années ont disparues.

Le mouvement physique me fait vraiment du bien. En plus des cinq Tibétains, je fais dix roulades successivement pour masser la colonne vertébrale et compenser l'inactivité des jours précédents. Le corps représente notre aspect animal. Ses besoins doivent être reconnus et comblés adéquatement, ce qui est une chose tout à fait individuelle et qui change de temps à autre.

Le contentement du corps est une bonne base pour me consacrer à la spiritualité.

La méditation avec la Lumière me rassasie et me comble énergétiquement et spirituellement. Mon adaptation au mode pranique s'effectue pas à pas. Le processus se passe doucement et élégamment quand l'être et toutes ses dimensions sont unanimes.

23.04.2017 - 13ème jour

Après un sommeil court mais très profond commence une journée très active. Malheureusement, il y a quelques peurs qui remontent à la surface accompagnées de palpitations cardiaques. J'en reconnais certaines qui font parti de mon insécurité et de mes inquiétudes. D'autres, par contre, ne font pas partie de mes propres craintes et semblent appartenir à l'héritage de l'humanité entière : non seulement la peur de l'inconnu mais aussi les soucis et les indispositions quotidiennes, la crainte d'échouer.

Ce sont les doutes et les projections négatives répandues que la plupart des gens véhiculent. J'ai besoin de pas mal de temps pour m'en débarrasser.

Le thème des immigrés est aujourd'hui très actuel. D'abord un film du régisseur finnois Aki Kaurismäki et puis le merveilleux rassemblement des assistants volontaires pour les immigrés à Marienplatz. Même Konstantin Wecker était présent et il ne s'est pas contenté d'un discours : au grand plaisir de tous ceux présents, il a chanté une chanson.

Aujourd'hui, c'était une belle journée. J'en suis très reconnaissante.

24.04.2017 - 14ème jour

Cinq heures de sommeil, poids 50,6kg. Beaucoup d'énergie.

Durant la dernière semaine du processus, l'état pranique s'installe. Ses trois signes caractéristiques sont la réduction du sommeil, la stabilisation du poids et un bon niveau d'énergie. Si ces trois critères ne sont pas remplis, on ne continuera pas le processus car c'est le signe que l'organisme n'a pas accepté la permutation.

Aujourd'hui j'ai donné une consultation de l'aura à une dame qui est obèse. Mais elle ne voit pas les choses ainsi. Elle s'appuie sur les résultats médicaux qui sont parait-il normaux et elle se plaint de douleurs dans les articulations, de la ménopause ainsi que de sa famille. Elle analyse toutes les causes possibles en détail, sauf ce qui est évident. Comme en politique.

Comment se fait-il qu'aucun de ces experts de santé qu'elle consulte régulièrement n'aient encore eu l'idée de lui recommander une cure de jeûne ? Non, le surpoids, c'est normal. Détester son corps parce qu'il est douloureux et informe, c'est normal. Se sentir mal pendant la ménopause c'est normal. Contre tout cela on prescrit des médicaments. Et les résultats sont normaux. Tout cela est normal. Il est aussi normal de se sentir mal et de l'accepter... Comment peut-on se sentir à l'aise dans un corps accablé par une trop grande quantité de nourriture de mauvaise qualité ? Comment le cerveau peut-il recevoir des pensées claires, si les synapses sont bouchées, bloquées ou simplement inexistantes ? Comment résister à un état dépressif, si les « hormones du bonheur » sont entravées dans leur sécrétion par un système endocrinien au fonctionnement ralenti ? Comment, dans une telle constellation, les sentiments de l'acceptation de soi et de sa propre valeur ainsi que la confiance en soi peuvent-ils se développer ? La pitié de soi et la dépression s'installent. Et que faire maintenant ?

« Nous avons des médicaments pour vous avec lesquels vous vous sentirez mieux. Avec lesquels vous prendrez toutefois encore plus de poids, avec lesquels vous serez encore plus séparée de vos émotions (ainsi tout deviendra plus supportable) et auxquels vous développerez une accoutumance. Ce qui est pour nous fort rentable. Les industries agroalimentaire et pharmaceutique collaborent très efficacement ensemble. Vous êtes dans un cercle vicieux, vous n'avez pas de choix ».

C'est peut-être ce que vous ressentez ou croyez mais ce n'est pas vrai. C'est l'illusion d'impuissance.

Chère cliente, c'est en fait un appel à reprendre le pouvoir sur toi-même. Prends ta vie en main ! Décide-toi, fais enfin un choix pour toi-même que tu endosses à part entière ! Peut-être pour la première fois de ta vie. Sors du programme et fais quelque chose pour ton corps et pour ton droit à l'auto-détermination au lieu d'obéir à des concepts étrangers que tu suis sans réfléchir !!!

Oui, je sais la montagne paraît insurmontable. Ton état est tellement insupportable que tu ne sais par où commencer. Crois-moi, moi aussi je me suis souvent trouvée devant des obstacles qui semblaient être au-delà de mes forces. Oui, crois-moi, tu as toute mon empathie !

Mais justement quand tout a l'air insensé et sans issue, c'est l'occasion d'entreprendre quelque chose, de changer et de découvrir de nouvelles réserves intérieures et de faire preuve d'une détermination de fer. Justement quand on en arrive à ce point, c'est le moment de confronter l'état des choses tel qu'il est, d'entamer quelque chose de nouveau, de demander de l'aide (difficile pour le petit ego fier qui veut tout faire par lui-même et qui craint de montrer son désarroi). Oui, c'est peut-être le moment d'exercer un peu d'humilité, non pas de soumission mais tout comme lorsqu'on demande le chemin dans une ville que l'on ne connaît pas. À condition de savoir poser la bonne question, sinon on risque d'être mal orienté.

Ose poser une question pour obtenir une réponse ! Sans question, il n'y a pas de réponse. Adresse-toi aux bonnes personnes, à ton Moi Supérieur, aux Mondes de la Lumière, au divin ou à qui et à quoi il te convient. Et l'aide arrive. Toujours. Bien sûr, il faut être en état de le reconnaître. Ce qui n'est pas toujours évident.

Le médicament, c'est la solution facile : tu avales quelque chose, qui te donne l'illusion de résoudre tous tes problèmes. Il y aura encore d'autres pièges sur ton parcours vers toi-même ; cela fait partie du jeu, pour t'inciter à développer ta capacité de différenciation.

Mais tu possèdes le pouvoir de décision et d'auto-détermination. Laisse la pilule, la solution qui paraît facile et continue à chercher et à poser des questions.

Comme promis, la réponse arrive toujours. Mais maintenant c'est au tour de ta responsabilité de trouver TA réponse à la réponse. Je te fais une proposition, une possibilité douce, sans danger pour améliorer ton bien être et réduire ton poids et pour augmenter ton bien-être général. Bien sûr la réalisation de ce conseil repose sur toi, sur ta volonté de l'initier et d'y persévérer. Mais ta réponse à la mienne est pleine de doute : est-ce que c'est bon ça ? Ma réponse : pas autant que l'assiette de charcuterie que tu dévores à chaque souper. Voilà.

Une myriade de possibilités se présente à nous. Mais seulement quand nous avons le courage de les utiliser avec entendement, nous pouvons améliorer notre état et faire un pas en avant. Autrement, nous trébuchons dans le prochain piège : le confort, la passivité, la satiété, la léthargie sur le divan qui incite à l'abandon complet de son pouvoir personnel. Il semble tellement plus simple de se laisser aller que de rassembler ses forces et d'entreprendre quelque chose.

Accepte donc le challenge ! Convoque tes dernières forces qui ne sont en aucun cas les dernières ! Au contraire, ce sont celles qui t'ouvrent l'accès à de véritables réserves et t'amènent à découvrir de nouveaux horizons, si tu oses suivre ce chemin libérateur.

L'assiette de charcuterie ou le prana ? Je prends la deuxième offre spéciale, car elle est meilleure pour moi ; elle me fait du bien à tous les niveaux. Merci !

Non, la nourriture par la lumière n'est pas pour tout le monde. Il n'existe pas de façon de se nourrir valable pour tout un chacun. Aucune, l'alimentation par la lumière non plus, même si nous nous en nourrissons tous. La lumière est la base de notre vie, de notre énergie vitale et elle détermine pour être précis le degré de notre énergie vitale. Mais chacun doit faire son propre choix. N'existe-t-il pas tout un éventail de possibilités entre nourriture pranique et assiette de charcuterie ? Surtout en Europe où nous disposons d'un tel choix, que nous devrions apprécier chaque bouchée !

Nous exploitons le monde entier, les animaux et le sol pour fournir et obtenir cette diversité. Cette surabondance et sa consommation presque sans limite me dégoutent parce qu'elles ne sont pas éthiques, elles entretiennent et servent les instincts les plus bas, elles sont asservissantes et injustes.

L'alimentation biologique suit finalement des règles identiques.

Et je ne m'exclus pas non plus ! Moi aussi je connais la grande bouffe, la consommation à fond jusqu'à en vomir. L'avidité. La peur de ne pas avoir assez.

C'est la première fois qu'il y a une telle surabondance de marchandises dans l'histoire de cette humanité (Il y a eu d'autres humanités). À toutes les époques et dans le monde entier les hommes et les femmes ont connu la pénurie, le manque, la famine et la privation pour des raisons variées. Aujourd'hui on peut tout acheter, n'importe où et n'importe quand, indépendamment de la saison. Si on ne remet pas en question ce comportement de consommation effréné, on risque le danger d'être dégradé du rôle de roi à celui d'esclave. Les questions que l'on doit se poser sont les suivantes : « Comment se fait-il qu'une telle abondance soit à la disposition d'une minorité de la population mondiale, alors qu'une grande partie meure de faim ou réussisse à peine à survivre, bien que l'on produise tellement ? Combien de cette surabondance alimentaire constitue réellement une nourriture, c'est à dire quelle proportion est vraiment utilisable par les cellules ? Combien contient-elle de chimie et de poisons, comme les pesticides, glyphosate et autres, que le corps ne peut éliminer ? Combien de cela me rend malade, grasse et léthargique au niveau de l'esprit comme au niveau physique ? Il faut se poser des questions à soi-même, pas seulement aux autres. Remettre en question, obtenir des réponses, prendre des décisions et suivre son propre chemin.

Je choisis le chemin de la guerrière de Lumière semblable à celui de Pallas Athéna, le chemin de la pionnière, le chemin de mon âme, de ma plus Haute Instance.

Aujourd´hui, est une journée merveilleuse. Le soleil brille pour la première fois depuis le début du processus. Je me sens bien et légère et j´ai plein de forces. Grâce aux exercices physiques, le rythme cardiaque retrouve son équilibre. Plus j´utilise de prana, plus j´en obtiens. La source est intarissable. Il s´agit de savoir ce dont j´ai besoin.

Voici pour vous donner une idée de la bonne forme dont je profite : je fais les cinq Tibétains 21 fois chacun, dix roulades, je marche dans la nature pendant des heures et je fais du jardinage. Le soir, je me rends en ville.

25.04.2017 - 15ème jour

Six heures de sommeil me fournissent plein d´énergie.

La durée du sommeil est plus courte. Sa qualité est plus intense et régénératrice. Je me réveille avec une légèreté et une fraîcheur enfantines et je me réjouis de me lever à quatre heures du matin pleine d´entrain. Avec la curiosité de l´enfance. Qu´est ce qui va bien se passer aujourd´hui ? Comment réagit mon corps ? Mon moral ? Mon âme ?

Je remarque que j'ai des mouvements plus circonspects, que je rencontre les êtres humains autour de moi avec plus de compassion et que j'admire et apprécie encore plus le monde qui m'entoure. Non pas que ces qualités m'aient manquées auparavant. Mais premièrement, j'ai planifié suffisamment de temps pour vivre le processus tout à fait consciemment et prendre soin de moi. Deuxièmement, je suis si bien préparée, d'une part par mon vécu et mes expériences de médecine naturelle, d'autre part par mes préparations ciblées deux ans préalables au PLP, que je suis capable de rassembler des observations à différents niveaux et d'en faire usage de façon concrète et empirique.

Cela signifie que je considère toutes mes réactions au même titre, non seulement l'aspect spirituel mais aussi l'aspect physique et je pose régulièrement la question à mon corps : « Comment te sens-tu ? De quoi as-tu besoin et pourquoi ? »

Souvent, j'obtiens la réponse avant même avoir posé la question : ok, aujourd'hui ça coince là, ça ne va pas du tout.

J'ai les pieds sur terre, bien que dans ma jeunesse, j'aspirais uniquement aux sphères les plus élevées, jusqu'à en perdre l'ancrage. Mon métier d'infirmière m'a connecté avec mon côté humain, pratique et pragmatique. Puis mon corps m'a donné quelques leçons lors de malaises et même de maladie grave. Il a un langage très direct : « ça ne me plaît pas » et le message est douloureux. Par cela il veut précisément que je lui consacre toute mon attention. Je ne peux pas l'ignorer, mais il ne s'agit pas non plus de réagir excessivement à ses alarmes. Le corps et son rythme relativement lent enseignent quelque chose de particulier à l'être humain. Une leçon terrestre ; c'est pourquoi je le décris comme lent en comparaison au monde de la pensée et aux plans spirituels. Le corps physique et matériel correspond au principe saturnien, au maître intransigeant qui récompense généreusement quand l'enseignement a été compris. Un maître qui mobilise le spirituel dans l'humain, incite l'esprit à se développer au niveau de la manifestation, précisément avec et au travers des limites et des apparentes limitations des plans matériels. C'est ainsi qu'il présente volontiers des challenges qui incitent à se tourner vers l'intérieur, à écouter, à réévaluer et à comprendre ainsi qu'à réorganiser ses pensées et à évoluer.

Alors, cher corps : « Quel est le message de mes palpitations cardiaque ? » J'ai confronté quelques unes de mes attitudes négatives, fait des méditations vouées au cœur, demandé pardon, fait des exercices de respiration et de relaxation. Je connais un tas de soins et d'aides diverses. Croyez-moi. Les meilleurs et les plus efficaces. Et ils apaisent mon cœur pour quelque temps. Puis il repart dans sa course affolante. De nouveau, je me fais des soins pour harmoniser âme et cœur, bien que je ne comprenne toujours pas la logique des palpitations. Un peu d'humilité pour l'intellect, c'est un bon exercice.

La journée est froide et pluvieuse, ce qui est difficile à supporter pour le corps. Je mets de l'ordre dans beaucoup de choses qui étaient restées inachevées. Ainsi tout est réglé et cela me fait plaisir : faire du nettoyage, instaurer clarté et ordre à tous les niveaux.

Cet après-midi j'ai un rendez-vous chez l'ostéopathe. Son test confirme que j'ai davantage de force que d'ordinaire (non pas que les forces me manquent habituellement). Elle travaille sur le corps entier, comme elle fait généralement. En outre, elle masse la vésicule biliaire avec un doigt, peut-être pendant quarante cinq secondes. Le petit organe gargouille : il contient encore quelque chose, en fait de la bille visqueuse et au flux coriace. Je me dis : « Elle bloque les fins canaux cholédoques, il faut que la bille s'écoule ». En fin de consultation, l'ostéopathe me conseille de prendre un rendez-vous chez le médecin si les réactions cardiaques continuent. J'apprécie son conseil et je sais qu'elle se comporte de manière responsable du point de vue médical.

Cependant je sais très bien que je me trouve maintenant dans un autre contexte et qu'un examen ne sera possible que dans plusieurs semaines, car les salles d'attente des cardiologues sont pleines. Peut-être que l'on me prescrirait un calmant ? Seulement un tout petit peu, comme on dit toujours, mais suffisamment pour développer une accoutumance, n'est ce pas ? Et suffisamment pour dérégler mon organisme. Être calmée, ce n'est pas ce dont j'ai besoin. Je veux m'éveiller et me réveiller pour activer mon potentiel spirituel sur terre. Immédiatement, il est tout à fait évident pour moi que je ne suivrai pas le conseil de l'ostéopathe. Il me faut trouver une autre solution. Une qui convienne à ma phase de développement actuelle. Une solution qui convienne à une chenille au stade de la métamorphose. Le corps pranique, l´aura se transforment et un tel processus exige l´autonomie de l´être et le vécu conscient et adapté au cheminement, qui est bien sûr très individuel et personnel.

Bonne nuit.

26.04.2017 - 16ème jour

Cinq heures et demie de sommeil.

Sommeil interrompu par la fameuse tachycardie. Grâce à l´huile essentielle de lavande je réussi à me rendormir. Le matin je bois ma tisane. Il fait toujours froid, il a plu toute la nuit, je mets le chauffage et j´augmente le thermostat. Je l´ai déjà mentionné, je sais, mais il est inhabituel pour moi de souffrir tant du froid. J´essaie de me mettre à l´aise mais les palpitations cardiaques sont encore et toujours là. Cela commence à m´énerver.

Je fais une programmation pour le cœur mais je sais que l´organe lui-même est intacte et j´ai l´intuition que ses réactions relèvent d´un autre paramètre. Qu´est ce qui est bloqué ? Le niveau émotionnel a l´air assez clair. Il y a quelques frustrations anciennes en relation avec des incarnations passées au niveau spirituel. J´ai été trahie et persécutée par des communautés spirituelles rigides. J´ai travaillé et assimilé ces mémoires. Elles n´ont presque plus de charge émotionnelle. Qu´est-ce-qu´il se passe, qu´est-ce qui m´échappe ?

La réponse arrive d´un autre coin que celui auquel je m´attendait. Mais tout à fait logique.

La vésicule biliaire se fait remarquer. Oui, elle avait gargouillé hier soir pendant la thérapie mais je l´avais déjà oubliée. Elle est une preuve que l´élimination n´est pas complète. Immédiatement après que les intestins se sont vidés le rythme cardiaque s´harmonise. Durant tout ce temps le cœur a compensé parce que le flux opiniâtre de la bille représente un blocage dans le plexus solaire. D´un seul coup, je suis libérée de ma tachycardie !

Si j´avais consulté un médecin, il se serait concentré sur le cœur sans établir de corrélation entre les différents organes. Les examens de routine auraient abouti à des résultats inquiétants et on m´aurait envoyée à la maison avec des médicaments. Puis j´aurais débuté une nouvelle carrière, en tant que malade cardiaque. Les traitements allopathiques ne prêtent pas attention à la constellation individuelle et les besoins personnels ne sont pas inclus, on suit le schéma habituel. J´y préfère de loin ma capacité de m´observer, mon sens de la responsabilité et mon auto-détermination. Surtout que je sais que mon cœur est sain. C´est aussi un avantage de pouvoir mesurer l´ampleur des troubles, afin d´évaluer s´ils sont vraiment sérieux ou s´ils paraissent pire qu´ils ne le sont. Pour dire la vérité, je ne connaissais pas non plus la relation entre la vésicule biliaire et le cœur, bien que je reconnaisse là une certaine cohérence avec le système des chakras. La nature est solidaire et quand un chakra ou un organe est déficient - mais aussi affecté de manière aigüe, quelque fois - un organe voisin ou le chakra du dessus l'aidera ou le remplacera dans sa fonction. Le principal but de cette solidarité, est de servir la totalité pour qu'elle soit conservée et que l'organisme continue à fonctionner. Dans mon cas présent, le chakra du cœur assiste le plexus solaire dans sa tâche, comme je le suppose déjà depuis longtemps. Du fait que je sois dans une phase de purification consciente, tout devient transparent.

Les associations mentales et émotionnelles que j'ai faites en tentant de comprendre les causes des palpitations ne sont pas fausses. Mais ici, il s'agit prosaïquement de vider la vésicule biliaire. Ça c'est de la spiritualité. Mais sur la terre, c'est le corps qui a le dernier mot. Avez-vous déjà essayé de méditer avec un estomac vide ou trop plein ?

Maintenant j'aimerais décrire mon état d'esprit au-delà du flux opiniâtre de la bille et des battements de cœur surexcités. Il y a toujours une cause mentale et une cause émotionnelle. En outre, dans un cadre plus large, on compte également des corrélations causales et spirituelles ainsi que des expériences liées à l'incarnation et bien sûr l'influence du rayon de l'âme. Pourquoi en est-il ainsi ? Parce ce que nous sommes des êtres spirituels, que nous le sachions ou pas, que nous nous en souvenions ou pas. Les traitements habituels ne prennent pas ce fait en considération. Savoir pourquoi et à quelle fin je suis incarnée est essentiel et indique la direction de l'évolution dans cette vie. Pourquoi est-ce que certains thèmes m'accompagnent dans cette vie, par exemple ? Dans mon cas l'éthique, la beauté ou leur absence ?

Bon, c'était un détour. En tous cas, il est nécessaire de considérer les faits d'une perspective plus ample. Retournons maintenant au cœur et à la vésicule biliaire. Derrière leur disfonctionnement il y a la révolte. C'est aussi un thème de famille parmi les membres qui se sont engagés pour des changements politiques et sociaux. Ma mère en fait partie avec son indignation, emprisonnée dans son rôle de femme économiquement dépendante et de belle-fille à peine tolérée. C'est d'elle que je sais ce que je ne veux absolument pas vivre dans cette vie. En résumé, j'ai hérité d'un grand potentiel rebelle de ma famille en plus de celui que je porte de mes expériences d'incarnations passées. Je mentionne volontiers le pamphlet de Stéphane Hessel « Indignez-vous ! » dont une de mes phrases préférées : « le pire, c'est l'indifférence ».

Aujourd'hui, on ne fait pas l'autruche en plongeant la tête dans le sable mais on s'enlise dans son iPhone. Edward Snowdon risque sa vie pour dévoiler des situations intolérables, mais la majorité continue son chemin sans y prêter attention. Lisez donc « Sortir du système technologique » de Vadim Zeland, un des rares auteurs spirituels qui ait le courage de mentionner des vérités inconfortables. Puis encore, un petit livre excellent : « La machine s'arrête » de E. M. Forster écrit en 1909. Une petite réflexion sur l'aliénation générale à l'époque d'internet.

Comment peut-on lire un article dans le New York Times sur la réintroduction de la torture lors des interrogatoires de police aux Etats-Unis, en particuliers le fameux « waterboarding » (toujours pratiqué à Guantanamo !!!) sans réagir ? Quelle hypocrisie sadique ! Et certains lisent ça pendant le petit déjeuner ! À en vomir, n'est-ce pas ?

Un autre thème sur lequel j'aimerais tirer l'attention : c'est le rôle que l'Allemagne joue en tant que bordel de l'Europe. Vous ne le saviez pas ? Eh bien faites des recherches : « STOP SEXKAUF » (« Stop à la vente du sexe ») et autres sources d'informations. Si, si, cela vous concerne aussi ! Oui, vous personnellement : soit vous êtes un homme et vous vous adonnez à la prostitution en payant pour le sexe, bien sûr pas tous les hommes mais suffisamment sinon le business du sexe ne serait pas si lucratif et florissant ! Ou bien vous êtes une femme et cela vous concerne tout autant parce que les femmes qui y sont tourmentées sexuellement, torturées et humiliées, sont nos sœurs. Des femmes comme vous et moi qui sont à la limite de leurs ressources économiques et qui sont lâchement leurrées ou piégées. Je sais, la prostitution est interdite en France et je suis profondément impressionnée et reconnaissante envers les personnes qui ont contribué à cette interdiction exemplaire (inspirée du modèle nordique). Toutefois, je suppose que dans la vie quotidienne le sujet n'a pas disparu de la vie du jour au lendemain. Les bordels en

Allemagne où les femmes sont exploitées, paient un impôt forfaitaire alors que je dois lister chacune de mes dépenses pour le fisc jusqu´au plus petit détail. Bizarre, non ? La prostitution et la pornographie représentent un chiffre d´affaire énorme et contribuent au succès économique des pays riches. Réfléchissez, informez-vous. Ouvrez les yeux. Et devenez actives et actifs.

27.04.2017 - 17ème jour

Cinq heures et demie de sommeil, 50,5kg, énormément d´énergie.

Durant cette métamorphose le corps lumineux se transforme ; il devient capable d´absorber beaucoup d´énergie. Il s´agit de stimuler l´absorption d´énergie d´après le principe : « Plus on est actif, plus on est réceptif ». Donc l´opposé de l´idéologie et du discours de manque caractéristique de cette société : fais attention, ne te surmènes pas, tu n´as pas tant de force, tu as déjà 64 ans.

Mon corps est léger et flexible et je travaille vite et bien. Comme je bouge beaucoup, j´ai un peu moins froid.

Pendant le processus, je suis de l´avis que des soutiens subtils sont appropriés dans les cas par cas. Seulement attendre l´effet de la lumière ne me convient pas à ce stade. Mon attitude est sans doute reliée au fait que je suis infirmière, thérapeute et maître de conférences. Je connais d´innombrables méthodes et de remèdes doux et holistiques qui peuvent étayer les processus naturels. Bien sûr, il ne s'agit pas d'utiliser des méthodes agressives qui dérangeraient le PNP ou même l'interromprait. Ceux qui pensent avoir besoin d'analgésiques devraient plutôt abandonner le processus.

28.04.2017 - 18ème jour

Aujourd'hui est une journée très active. Je me sens bien à tous les niveaux et surtout je suis plus paisible depuis que le cœur s'est calmé. Le poids est stable, le sommeil réduit et l'énergie en abondance. Ces trois critères sont l'indice d'un processus réussi.

Je dirais même que la vitalité augmente. Elle dépend de la quantité que l'on utilise. L'énergie en elle-même est intarissable, il s'agit de la solliciter, de l'inviter.

J'ai le sentiment qu'une harmonie inhérente s'empare de ma vie. Une grande joie sereine est devenue ma compagne. Tout est fluide.

Je suis remplie de gratitude.

Cela fait longtemps que je n'ai pas parlé de Mimine car elle s'est trouvé un refuge confortable, je ne sais où, durant la pluie incessante et la neige. Elle m'a rendu visite le seul jour de beau temps. À vrai dire, elle est venue uniquement pour son traitement. Elle prend juste la bonne position devant moi et c'est presque comme si je l'entendais dire « Fais donc ! » - « Avec grand plaisir ! ». Dès que le flux énergétique cesse dans mes mains, elle sait que le traitement est terminé et elle s'éloigne lestement, se nettoie et disparait de mon jardin. C'est tout pour aujourd'hui. Je lui ai aussi fait des soins à distance. Elle a de plus en plus de forces et ses yeux ne coulent plus.

En commençant le PNP, je craignais d'avoir à revivre les douleurs rénales dont je souffrais quand j'étais jeune. Surtout durant la première semaine où il est possible de répéter les maladies dont on a souffert auparavant. C'est un signe de profonde guérison : ce qui est chronique devient aigu. Seulement et seulement ainsi les disharmonies peuvent être guéries.

Heureusement cela n'a pas eu lieu. J'en suis infiniment reconnaissante car les infections rénales sont très douloureuses. Ainsi je vais raconter pourquoi elles ne sont pas réapparues dans le contexte actuel. Autrefois, je les ai guéries d'une manière radicale que je ne recommande à personne.

Aux environs de la trentaine, je souffrais déjà depuis des années d'infections rénales récurrentes. Une ou deux fois, j'ai pris des antibiotiques qui n'ont pas beaucoup aidé mais qui ont dérangé ma flore intestinale. Par la suite, mon maître spirituel était capable de m'aider à surmonter ces infections très efficacement grâce à la radionique subtile. Quelle chance d'avoir un tel soutien ! J'éprouve de la gratitude jusqu'à ce jour ! Les infections se répétaient moins souvent mais elles n'avaient pas complètement cessé. Ainsi une infection violente se manifesta de nouveau. Et cette fois là, l'assistance de mon maitre resta sans résultat. Son travail ne pouvait plus m´aider.

Je décide de m´abandonner au cheminement de la maladie quoiqu´il arrive. Que Ta volonté soit faite. J´étais prête à mourir si mon corps et le Divin le voulaient ainsi. Et je devins en effet très malade. Mon organisme suivait un rythme de huit heures durant lequel la fièvre, les frissons glaciaux et un sommeil abruti se succédaient. Et cela pendant sept jours et sept nuits de suite. Encore et encore j´ai appelé la Grande Force de venir me chercher. Mon ex-mari était rempli de désarroi. Pour lui, il était incompréhensible que je choisisse ce chemin alors que je travaillais dans une clinique spécialisée en médecines douces. J´avais de tels frissons que j´étais alitée avec mon manteau de fourrure et que je demandais à mon mari de s´allonger sur moi pour limiter les secousses des frissons qui avaient emprise sur mon corps.

Pendant les sept jours, j´avais des visions et des messages auxquels je n´aurais jamais eu accès autrement. J´ai aussi appris à comprendre mon corps et à interpréter ses signes. J´ai appris progressivement à lui faire confiance et à me laisser porter par sa sagesse. Finalement la lutte contre la maladie et la peur des douleurs s´estompèrent. Le corps et sa souffrance devinrent mes alliés. Le lâcher prise et la confiance savaient que le cycle chaud, froid, sommeil abruti s´arrêteraient quand il aura achevé sa tâche. En effet, au septième jour les frissons et la fièvre cessèrent. J´étais affaiblie mais je me sentais purifiée et allégée.

La convalescence prit beaucoup de temps mais elle fût si profonde que je n'ai plus jamais eu d'infections dans cette partie du corps depuis ce jour.

Cette expérience m'a inculqué une confiance inébranlable dans les forces régénératrices de mon organisme. Laisse-le faire ce qu'il a à faire. Il sait ce qu'il fait. Il tente de t'aider en recréant l'équilibre. La maladie est une stratégie de guérison de l'organisme. Volontiers, tu peux lui offrir ton soutien mais, s'il te plaît, ne le dérange pas et surtout ne bloque pas ses efforts qui ont pour but d'instaurer l'équilibre. Cela s'applique aux personnes en assez bonne santé, mais pas quand le système est déjà abîmé.

Cette expérience m'a libérée de mes peurs - les reins emmagasinent les peurs. Tout en établissant une relation avec lui, elle m'a redonné la confiance en lui et m'a offert un profond discernement sur les processus de guérison du corps physique. Cette maladie m'a également conféré un regard discernant sur la force de l'esprit par rapport au corps matériel ainsi que sur le pouvoir des visions. Ce vécu était une initiation dans le sens chamanique. Cette expérience m'a profondément transformée.

La nature est saturée de forces régénératrices. L'arbre supporte la chaleur, le froid, les éclairs et surmonte ses blessures, tout comme les animaux sauvages se remettent spontanément de l'adversité environnante. Le Dr Larry Dossey a publié un compte-rendu détaillé sur des personnes qui étaient trop démunies pour payer des soins médicaux et arrêter de travailler. Comme par miracle, beaucoup d'entre elles ont retrouvé la santé, ont continué à vivre et à travailler et ont vécu encore longtemps. C'est de cette source de régénération naturelle que nous devons puiser notre force vitale ; la nature est bienveillante et généreuse. Elle vise au rétablissement de l'équilibre et à l'état sain. Bien sûr, ceci n'est pas un encouragement à ne pas avoir recours aux soins médicaux. Au contraire. Toutefois développer une bonne mesure de sagesse et de confiance en ses propres forces favorise le succès des traitements.

Le fait que je n'ai pas eu de problèmes avec les reins pendant le PNP est bien une preuve que ce thème est résolu pour moi dans l'incarnation présente. J'en suis sincèrement reconnaissante.

29.04.2017 - 19ème jour

Je suis pleine d'élan et presque infatigable. Du matin au soir, je suis occupée avec mes soins à distance, mes activités journalières, le sauna, le travail dans le jardin etc. Subitement, j'ai besoin d'un petit somme de 10 à 15 minutes après lequel je suis de nouveau en pleine forme. Le soir, je vais au concert et voilà que je m'ouvre à un genre de musique que je n'appréciais pas auparavant.

Deux fois par jour j'emmagasine la Lumière dans mes cellules et je fais le plein d'énergie. Je partage la Lumière avec d'autres personnes praniques et ainsi, je contribue au champ morphogénétique de la nourriture subtile. J´active aussi la Lumière de la Terre, Gaia, de l´humanité et de tous les êtres vivants sur la planète.

Ma perception est devenue beaucoup plus fine. Les couleurs scintillent même quand le temps est couvert. Le bruit de la ville choque mon sens de l´audition très fin, alors que le chant des oiseaux à 5 heures du matin me remplit de bonheur.

Je suis ravie de mon nouveau mode de vie.

30.04.2017 - 20ème jour

Cette nuit avec 5 heures de sommeil a été plus longue. Cette semaine j´ai perdu 600 gr. Je suis mécontente car le poids devrait rester stable et le sommeil raccourcir. Or, il est juste que je suis d´habitude une longue dormeuse. J´ai souvent emporté un thème dans la phase de sommeil pour en trouver la solution en me réveillant. Le repos nocturne est non seulement régénérateur et source d´inspiration et d´intégration des impressions de la journée, mais il est aussi l´espace où nous façonnons notre futur et où nous voyageons dans d´autres dimensions, tout en faisant connaissance de leurs habitants. C´est une absurdité de l´homme moderne de prétendre que le sommeil est une perte de temps et de préférer passer son temps devant la télévision ou devant l´ordinateur, au lieu de se rendre dans son paysage nocturne.

Le sommeil pranique est court, concentré et régénérateur à tous les niveaux. Au réveil on se sent frais et innocent comme un enfant ; quelques heures suffisent. Visiblement j'ai encore besoin d'un sommeil un peu plus long.

Il fait très beau et chaud aujourd'hui et je fais une randonnée dans les montagnes avec une amie. La montée est abrupte et je suis un peu essoufflée. Après un petit sommeil, allongée dans l'herbe, je me régénère et je retrouve mes forces pour redescendre.

01.05.2017 – 21ème jour

Vingt et unième et dernier jour du PNP. J'obtiens la confirmation de ma guidance et de mon accompagnateur que l'installation du prana est réussie. Je programme mon corps sur un poids équilibré. Je ne veux pas avoir l'air sec et maigre. Le corps est tout à fait capable de reprendre quelques 100gr et de se stabiliser harmonieusement comme d'autres personnes praniques en font part dans leurs récits.

De nouveau, il fait froid, il pleut et le vent souffle, ce qui est difficile à supporter. Mais cela aussi s'équilibrera avec le temps.

Mon humeur est un peu maussade. Etrange. Justement aujourd'hui, je devrais être heureuse que le processus se soit bien passé. Oui. J'en suis satisfaite, mais je suis incapable d'exprimer ma joie.

Ce qui me préoccupe maintenant, c'est de maintenir le processus dans la vie de tous les jours. Dès le début, j'ai pris la décision de faire le PNP avec l'intention de garder le mode pranique pour une durée illimitée. Les seules exceptions qui me conduiraient à retourner à la nourriture solide et matérielle seraient soit une maladie grave ou bien une impulsion de mon Instance Supérieure.

Je dispose maintenant davantage de temps du fait que j´ai besoin de moins de sommeil et que toutes les occupations autour de la nourriture n´aient plus lieu d´être (faire les commissions, préparer, manger, faire la vaisselle et la ranger etc.). Et juste maintenant, je n´ai aucune envie et ne sais pas quoi faire de ce temps. C´est un peu comme un vide qui demande à être rempli de sens. Il s´agit non seulement du temps mais aussi de l´énergie dont je dispose et ainsi qu´un énorme besoin de bouger. Une situation intéressante.

À présent les cellules savent qu´elles font le plein d´énergie de lumière directement à la source. Le corps subtil et le corps physique sont maintenant branchés sur la Lumière. Il s´agit actuellement de me stabiliser dans ce nouvel état d´être et de le vivre dans la vie quotidienne avec toutes les chances et les challenges que l´existence m´offre.

DEUXIÈME PARTIE :

MON DÉVELOPPEMENT APRÈS LE PROCESSUS

Le 01.05.17 après trois semaines, l'installation pranique est complète. Comme je continue ce mode je fais maintenant un compte-rendu sur mon évolution, comparable à un sondage à des dates arbitraires durant les mois à venir jusqu'au 11 avril 2018.

Ce qui suit est donc la description d'un rythme de vie tout à fait normal : une vie privée, sociale et professionnelle sous le régime pranique.

07.05.2017

Le prana est maintenant installé depuis une semaine. Je me sens bien. J'ai moins froid depuis que je bois du café occasionnellement. Malheureusement le temps est toujours couvert et pluvieux et quelquefois je n'ai pas beaucoup d'entrain. Le sommeil pranique est merveilleux. On s'endort et on se réveille facilement en douceur et avec beaucoup de clarté, comme s'il on planait d'un état à l'autre. C'est un sommeil très reposant dont quatre ou cinq heures suffisent.

J'ai un grand besoin de mouvement et assez souvent je fais une longue ballade d'une heure et demie dès quatre heures du matin, quelque fois sous la pluie. Les cinq éléments, la fraîcheur, le vent, l'air me remplissent de bonheur et me nourrissent.

Malheureusement, j´ai encore perdu un peu de poids, ce qui n´est pas avantageux pour ma petite stature. La force et l´endurance sont de retour.

Je sens que je suis encore dans une situation intermédiaire, durant laquelle je me ménage et je vis encore en retrait des gens. Mais bientôt, je rendrai visite à mes amis et mes connaissances. Je vais leur expliquer le processus dans son essence aussi simplement et clairement que possible. Je leur ferai part du fait que j´ai maintenant adopté une autre façon de me nourrir, tout comme quelqu´un qui est végétarien et qui décide de devenir végane, par exemple. Cette personne continue à se nourrir de quelque chose mais de plus subtil. Je me suis nourrie de smoothies et maintenant de lumière. Donc, je continue à me nourrir. Naturellement, cela à l´air assez abstrait pour quelqu´un qui ne connaît pas le monde subtil. C´est une petite incitation à réfléchir où à remanier ses pensées, si on le souhaite.

11.07.2017

Il y a exactement trois mois que j´ai adopté la NP. Aujourd´hui je fais une randonnée merveilleuse dans les montagnes des Grisons.

En me réveillant, j´ai un peu mal au ventre. J´ai des selles, ce qui n´est plus si habituel. Ensuite je suis allégée et plus claire, je me sens bien.

Maintenant, la journée peut commencer. Aujourd´hui, je prends moins de miel et j´ai beaucoup de forces et d´endurance. Je ne ressens pas la fatigue jusqu´à très tard dans la nuit. Mon corps est léger, vital et a besoin de mouvement. En étant actif, il puise encore plus de force et se rempli de lumière. Ma créativité et mon intellect sont également inspirés et productifs.

Cette journée est une excellente confirmation de l´expérience de nourriture pranique. J´ai réussi l´examen. C´est un cadeau des temps nouveau pour moi. Une transformation qui me fait grâce d´une nouvelle vie. Je suis remplie de reconnaissance. Mon corps devient de plus en plus fort, persévérant et résistant. Je ne ressens aucunement la fatigue après la randonnée. Au contraire je me sens rafraîchie et revitalisée. À d´autres niveaux, je suis stable et bien centrée. Le sommeil est toujours très régénérant et les nuits de 4 à 5 heures suffisent. Je n´ai même pas besoin de faire un petit somme pendant la journée. Ma vitalité est équilibrée et non plus aussi exagérée qu´au début du processus.

24.07.2017

Depuis quelques jours mon corps se rebelle visiblement à cause de la perte de poids et des symptômes qui l´accompagnent. Je ne me sens pas bien ce matin, bien que j´ai déjà pris du miel dans de l´eau tiède. Je suppose que mon poids est descendu au dessous de sa limite, c´est pourquoi l´organisme s´alarme. En fait, c´est plus qu´une supposition car son langage est tout à fait clair. J´agis en conséquence et je suis capable de remplir ma tâche comme il faut tout en étant entièrement présente.

Ce soir, je me sens plus lasse à cause du travail de digestion mais je suis décontractée. À partir de maintenant, je modifie le mode pranique sans toutefois l'interrompre. Cela signifie que j'ajoute du miel dans ma tisane. Comme pendant le jeûne, je sirote mes boisons à la petite cuillère ou je laisse fondre le miel en petite quantité sur la langue. Je conserve la connexion à la lumière et l'activité physique comme d'habitude.

Donc, je continue sur le mode de nourriture pranique tout en prenant soin que la masse se stabilise. En même temps, je m'assure que l'esprit du prana reste intacte et surtout je me garde de ne pas retomber dans un état soi-disant normal, qui serait très lourd à supporter.

Et voilà que Mimine vient chercher son soin. Elle est très maigre et son état s'est dégradé visiblement. Elle est nerveuse car elle ne se sent pas bien ; elle a visiblement des douleurs. Elle ne peut pas rester calme et elle veut repartir. Quand même, elle tourne un peu en rond et me communique télépathiquement qu'elle reviendra me voir, avant de quitter ce monde pour l'au-delà. Puis, elle part en flânant, comme si de rien n'était.

Ai-je bien compris ? Est-ce bien ce qu'elle a dit ? La tristesse s'empare de moi et quelques larmes coulent le long de mes joues. D'un autre côté, c'est presque un miracle que Mimine soit encore en vie. Il est évident que sa force vitale diminue. Quand donc aura lieu sa prochaine visite ?

08.09.2017

Je suis pranique depuis presque cinq mois et je ne vis toujours pas que d'amour et d'eau fraîche. J'ai énormément d'énergie, de force, d'esprit d'entreprise et d'inspiration. Et une guidance intérieure très distincte. Ma connexion à la lumière nourricière est plus vivante et directe. Ainsi elle inonde le niveau cellulaire. Maintenant, je la sens jusque dans les cellules et dans le fluide intracellulaire. Mon intellect fonctionne plus clairement et rapidement. Le regard au delà des façades et des schémas de comportement est sans compromis. La vie de tous les jours est devenue plus simple et mon monde intérieur plus satisfait et harmonieux. J'ai davantage de courage et je suis devenue plus cohérente dans mon mental et mes attitudes.

Le chemin spirituel n'est pas une ballade. Il exige un exercice de la liberté authentique avec toute la responsabilité qui en fait partie. Certaines amitiés vont se dissiper et certaines relations harmonieuses dans le passé sont moins paisibles ou même en suspens. Au moins en ce moment. C'est bien ainsi, chaque personne a le droit de faire une pause de communication et de s'octroyer une phase d'adaptation.

À propos, j'ai réfléchi sur le thème « peur de perdre du poids ou de maigrir trop ». Au début, l'idée mentale de peur de perdre du poids comme cause d'amaigrissement même me paraissait être une allégation générale pas très différenciée, telle que l'on peut la servir à tout le monde dans ce cas. Ce qu'elle est partiellement, car c'est une généralisation. Cependant, elle vaut la peine d'être prise sérieusement en considération. Oui, il est tout à fait vrai que je ne veux pas avoir l'air d'un petit tas d'os avec les traits du visage effondrés et secs.

Grâce à mon occupation professionnelle, je suis en contact avec beaucoup de gens car je voyage et je travaille dans de nombreux endroits. Et en effet, mon apparence et l'impression que je fais sur mon entourage me sont importantes.

Toutefois, ce qui m'est encore plus essentiel, c'est mon état subjectif et mon ressenti. Le processus de détoxication continue bien au-delà des 21 jours du processus. De temps à autre, j'équilibre ma sensibilité au froid et à la perte de poids avec un peu de crème fraiche liquide.

Bien sûr, j'ai confronté cette peur de perdre du poids. Elle fait surface, en particuliers, quand je me prépare pour un voyage ou une apparition publique. Les signes d'amaigrissements me rendent incertaine et exigent toute ma concentration. Or, je ne peux pas leur consacrer un focus ciblé pendant que je tiens une conférence, que j'enseigne ou donne une session. Là, je dois me focaliser complètement sur la situation et sur ceux auxquels je m'adresse. C'est alors ma responsabilité de prendre les décisions nécessaires pour être un médium neutre et entièrement présent avec mes clients. Je réalise qu´une certaine programmation de ma part joue un rôle. En effet, quand je ne me sens pas bien en voyage et que je remarque l´instabilité de mon poids, je prends les mesures adéquates.

Ce n´est rien de nouveau car il y a vingt ans, j´étais maigre et une naturopathe m´avait recommandé de prendre un peu de crème liquide. Il semble que j´ai un métabolisme si actif qu´il brûle les graisses rapidement. La purée de sésame est de temps à autre une bonne alternative aussi, mais pas l´huile d´olive ou de lin comme on me le recommande.

Il s´agit de détecter les besoins du corps et de suivre les signes de cet organisme unique au lieu d´adopter n´importe qu´elle théorie générale ou n´importe qu´elle mode. Je recommanderais à chacun de découvrir ce qui est approprié, utile, bienfaisant et ce qui convient à sa personne dans l´ici et maintenant. Je suis pour l´alimentation lumineuse sur mesure. Cela veut dire : ne pas se laisser formater comme partout et comme d´habitude. Pas de lit de Procruste ! Cela signifie aussi : ne pas se comparer à ceux qui ont la chance de pouvoir s´arrêter de boire et de manger du jour au lendemain (Je me demande s´il y en a beaucoup ?). Bonne chance à eux. Dans mon cas, cela fonctionne un peu différemment. Toutefois la majorité des personnes qui font le PNP quittent finalement le pranisme et retournent à la nourriture habituelle. Et ceci pour des raisons variées, soit sont elles privées, intellectuelles, physiques ou sociétales.

Assise au soleil dans le jardin, je médite avec les jambes surélevées. J'atteins un état si profond que je ne perçois aucunement l'approche de Mimine. Elle me saute sur les genoux, ce qui m'arrache un cri de surprise, qui à son tour l'effraie et la fait redescendre immédiatement. Elle ne va pas bien du tout. Tout d'un coup, le temps change et il commence à pleuvoir. Exceptionnellement, je la laisse entrer dans l'appartement. D'emblée, elle choisit le plus bel endroit et le plus confortable, puis elle s'endort. Or je dois aller en ville. Pendant un instant, j'hésite à la laisser seule dans l'appartement. Mais la pluie est violente et je n'ai pas le cœur de jeter à la porte un animal souffrant et âgé. En outre elle dort profondément et ne se laisse pas déranger si facilement.

Après avoir fait mes emplettes, je me réjouis de retrouver Mimine à la maison. Peut-être se sent-elle mieux et aura-t-elle envie de s'assoir sur mes genoux et de se laisser caresser…?

Non, Mimine a d'autres plans. Alors que j'ouvre la porte de l'appartement, elle en sort complètement indifférente et se dirige vers la cour.

Puis, je reçois un choc en découvrant l'appartement qui au premier coup d'œil a l'air dévasté. Que s'est-il passé ici ? Les rideaux de 2 mètres de hauteur qui encadrent la porte donnant sur la terrasse recouvrent maintenant tout le plancher. Le tout accompagné des tringles et des objets qui ont été arrachés dans la volée. Ces mêmes rideaux que je voulais laver la semaine dernière mais que j'étais trop paresseuse de décrocher.

Par endroit, le tissu est abîmé par les griffes de Mimine. Elle a dû essayer de sortir par la porte du jardin. De toute façon il est impossible de se mettre en colère contre un animal. La pauvre chatte a certainement été tourmentée par le fait d'être enfermée.

13.09.2017

Alors que je veux me connecter avec Mimine, je remarque que son aura n'appartient plus à la sphère terrestre. Je ne veux pas me rendre à l'évidence, donc je fais mes tests. Effectivement, elle est passée dans l'au-delà. Donc sa dernière visite était vraiment cette récente visite. Je lui demande pardon pour les circonstances bouleversantes. Je veux savoir dans quelles circonstances elle est partie et je demande à un voisin qui l'a nourrie durant des années.

« Elle est finie » « Comment ça « finie ? » osais-je demander.» « On l'a euthanasiée. Sa propriétaire l'a amenée chez le vétérinaire ». Je sens mon cœur se crisper et se resserrer à l'idée de ne plus jamais revoir Mimine. Et puis, ne peut-on pas s'exprimer avec un peu plus de respect à propos d'un animal que l'on a nourri pendant plusieurs années ? J'ai suivi Mimine encore quelque temps dans l'autre monde. Elle a pris du temps pour trouver la paix aussi là-bas.

Je fais mes adieux à cet être incarné dans un corps de chat.

Lâcher prise et continuer à vivre avec le flux de la vie. Mais les expériences restent en mémoire même si les paysages, les personnes et les modes de vie changent et se succèdent.

Heureusement que mes adieux à la nourriture solide n´ont pas causé autant de chaos dans l´appartement ! Je dois avouer que j´ai abandonné l´alimentation matérielle plus facilement que d´accepter la séparation de Mimine.

03.11.2017

Ma nouvelle vie avec la nourriture de lumière a commencé il y a presque 7 mois.

Le froid revient et depuis quelques jours je ne vais pas bien. Je me sens perméable et transparente physiquement et émotionnellement fragile. J´ai besoin de plus de sommeil. Je ne suis pas aussi résiliente : trop d´exigences, trop de discipline. C´est vrai, j´ai des standards très élevés et en plus de mes nombreuses occupations professionnelles, je m´impose des tas d´exercices et de rituels que je tiens à pratiquer régulièrement. Maintenant je craque. En fait, ce n´est pas si dramatique mais l´hyperactivité de l´été est définitivement terminée. Maintenant c´est le mode hivernal.

Je n´ai pas bonne mine, mes joues sont légèrement effondrées, ce qui fait ressortir les rides. La balance confirme la perte de poids, bien que le poids ait été stable pendant un certain temps. Bon, ce n´est rien de nouveau. En reprenant un peu de miel mon état pranique s´alourdit et le sommeil se rallonge. Oui, c'est l'hibernation : emmitouflée, somnolente et sirotant des boissons au miel. Après quelques jours j'ai l'air déjà plus sain.

Puis, j'ai l'idée de tester les taux des vitamines, des oligo-éléments et des minéraux dans mon corps. Je veux savoir si tous ceux qui sont nécessaires à la santé sont présents. Oui, la lumière me fournit tout ce dont j'ai besoin. Mes mesures le confirment. Le besoin de calme et davantage de sommeil sont habituels pour moi dès l'automne. Tout va bien. Je suis contente de pouvoir faire le point moi-même. Ensuite, je teste plusieurs de mes clients et je remarque que la plupart d'entre eux ont deux ou trois carences, bien qu'ils se nourrissent « normalement ».

Mon état pranique fait maintenant partie de tous les jours, ce n'est en soi rien de spécial. De temps en temps, quelqu'un demande si j'ai bientôt terminé le processus et quand je vais de nouveau manger normalement. Je réponds en disant que la nourriture lumineuse est tout à fait adéquate pour moi, que je vais bien et que je ne vois aucune raison d'abandonner ce mode alimentaire.

10.12.2017

En septembre, après 7 mois de nourriture pranique je décide de consulter le dentiste pour me faire assainir et traiter les dents de fond en comble. Je tiens à insister sur le fait que la nécessité de ce traitement n'est pas la conséquence de quelque carence ou problème résultant du mode pranique, comme le suggérait une connaissance.

Ce traitement de fond est dû depuis longtemps. En outre, cette décision est également liée à mon besoin de mettre de l'ordre et d'avoir les choses nettes et claires comme elles devraient être. Pour être honnête, j'ai quelques craintes en ce qui concerne la réaction de mon corps face aux produits chimiques. Bien sûr, je n'accepterai une piqûre que si elle est indispensable. Je suis capable de me relaxer profondément et j'ai confiance en la compétence de la dentiste. Donc je n'aurai besoin que d'un minimum d'anesthésie et seulement pour l'extraction de la dent. Je communique avec mes cellules et je leur annonce qu'elles vont avoir à faire des heures supplémentaires : « vous allez recevoir des substances inhabituelles. Prenez ce qui est en accord avec mon corps et l'intention positive de cet assainissement. Le reste est, s'il vous plaît, à éliminer effectivement ou à transformer en lumière ».

Ensuite je travaille avec le foie, les reins et la peau. Il m'est important de leur transmettre l'intention que ces mesures médicales sont indispensables. Visiblement, c'est quelque chose de nouveau pour mon système qui s'est habitué au prana, à la nature, à l'air frais et à la méditation ces derniers mois. Maintenant il a à gérer une charge de chimie et de toxines. Mais comme mes corps subtiles et physique ont surmonté déjà tant de challenges avec succès (j'entends durant les 64 années !), je suis confiante qu'ils endureront le traitement dentaire avec succès grâce à la force de mon corps et l'intention de mon moi supérieur.

La consultation suivante de trois heures se passe très bien. Je pratique la relaxation et la dentiste est compétente, sûre et précise dans ses gestes. Je suis dans de bonnes mains. Il faut arracher deux dents. Je reçois une demie dose d'anesthésique. Je n'ai aucune douleur ce qui confirme une fois de plus que j'ai pratiquement développé une immunité contre la douleur depuis le début du processus.

L'anesthésie dure de 4 à 5 heures, ce qui est le double de la durée normale, je crois.

Mais le jour suivant, je me sens mal et empoisonnée ce qui est visible sur mon visage. J'ai des étourdissements et de légères nausées. J'aurais dû boire beaucoup d'eau immédiatement après le traitement pour stimuler l'élimination, au lieu de me rendre à la boutique, de travailler et d'oublier de boire. Donc, il faut que je fasse le plein de « bonne eau » ici à la maison avec l'appareil de la firme Weber qui filtre et débarrasse l'eau du robinet des poisons, hormones, antidépressifs et autres médicaments que l'on teste et détecte dans l'eau potable des grandes villes. Grâce au système d'inversion et aux filtres les parois des molécules de l'eau sont rendues plus perméables afin de détoxiquer les tissus cellulaires du corps. Bien sûr, il faut en boire suffisamment. Je suis l'élimination par les reins en observant l'odeur, la couleur et la densité de l'urine.

En outre j'ai besoin de bouger, ce qui est habituel pour moi quand je ne me sens pas bien. Toutefois, c'est un peu problématique car j'ai du mal à marcher droit à cause des étourdissements. Sans doute ai-je l'air d'une femme un peu soûle. Personne ne croirait que j'ai seulement été chez la dentiste. Il faut d'abord rincer le système à grande eau et après on y va ! Ainsi je me remets très vite de ce petit épisode.

Après trois mois de travail l'assainissement dentaire est terminé et je suis très satisfaite du résultat. Finalement, je poursuis et stimule l'élimination des produits du traitement par la peau, l'urine et l'odeur corporelle. Mon corps et ses nombreuses fonctions remplissent leurs tâches parfaitement. Je nettoie le système avec beaucoup d'eau. Je prends également un mélange d'eau, de citron et de miel, ce qui est alcalin et détoxiquant. Les mouvements à l'air frais et des bains purifiants complètent mon programme.

Je suis très reconnaissante que tout se soit bien passé et que mon corps pranique ait si bien surmonté le traitement. J'ai informé la dentiste de mon mode d'alimentation seulement à la fin.

13.12.2017

Le froid hivernal en Allemagne est un sujet particulier pour moi.

Dès les premiers refroidissements de l'automne, mon corps réagit avec une sensibilité exagérée aux basses températures et avec un malaise. Le souvenir de la froideur printanière est encore présent dans mes cellules. La perte de poids et la circulation sanguine ralentie sont la cause de cette réaction. J'envisage d'émigrer dans une des nombreuses colonies françaises. Non, on ne les nomme plus colonies. Mais les traces du colonialisme y sont encore présentes et en aucun cas je pourrais y vivre avec bonne conscience. La population originaire n'y vit-elle pas dans une grande pauvreté ? Démunie et maintenant sans racine dans le paradis d'autrefois. Les habitants de Madagascar ne sont-ils pas un des peuples les plus pauvres de la terre ?

Donc le thème de l'émigration est vite exclu. Je ne peux pas simplement dissoudre les liens profonds qui me lient à l'Allemagne, à sa langue et à son peuple. Le besoin de chaleur ne suffit pas pour quitter un pays ainsi que les personnes qui me sont si chères. Il m'est impossible de séparer mon profond développement de ce pays. Ici, je profite de qualités qui m'assistent sur mon cheminement spirituel. En tous cas, je me sens acceptée telle que je suis dans les pays de langue allemande et c'est aussi ici que je ressens la meilleure résonance. Je me sens à l'aise grâce à l'attitude consciencieuse et digne de confiance qui est habituelle dans la plupart des relations humaines.

Bon, je reste ici. J'ai besoin de vêtements chauds, surtout de bonnes chaussures d'hiver. Dès le printemps, j'ai introduit dans mes habitudes quotidiennes des méthodes saines de soins corporelles qui donnent de la chaleur au corps en l'incitant à en produire. En outre, j'utilise des épices qui stimulent la chaleur comme la cannelle ou le gingembre, j'en fais une boisson chaude ou je les mélange avec un peu de miel. En aucun cas, l'eau ne doit être bouillante sinon elle détruit les ingrédients précieux du miel pour les transformer en produits néfastes pour le corps selon la doctrine ayurvédique.

Je fais tout pour que mon corps soit résistant au froid et qu'il apprenne à générer plus de chaleur. Le contraste chaud / froid est très stimulant : dès que je sors du lit je vais dans le jardin pieds nus même quand il y a de la neige. Puis je me sèche les pieds, je mets des chaussettes chaudes et des pantoufles. Cela fait du bien généralement tout en activant et en stabilisant la circulation. Les douches alternées chaud / froid sont également très saines et bienfaisantes. Cela renforce le système immunitaire. Heureusement j'ai un appartement confortable et bien tempéré, des vêtements chauds et tout ce dont j'ai besoin ! Seulement 10% de l'humanité vit dans cette abondance. Et j'en fait partie !

En soi, c'est presque une obligation de faire quelque chose de spécial quand on se trouve dans une telle position, n'est ce pas ? La première, c'est d'être reconnaissante. En plus de l'effet stimulant alternant chaud / froid, je tiens à ce que l'appartement ne soit pas trop chauffé. Je préfère porter plusieurs couches de vêtements et deux paires de chaussette si nécessaire, plutôt que d'être en T-shirt dans une pièce surchauffée où les muqueuses nasales, les cheveux et la peau sont desséchés, l'esprit léthargique et confus et le corps paresseux et ramolli.

Depuis ma conversion à la nourriture lumineuse au printemps, la peur du froid m'accompagne constamment. On s'entretient en se plaignant de la froideur et en se rappelant quelque occasion où il faisait terriblement froid. On l'appréhende. Mais on ne se réchauffe pas du froid en parlant et en fixant son intérêt sur ce que l'on veut éviter ! Au contraire. C'est pourquoi je fais tout pour ne pas en devenir la victime, j'endurci mon organisme à prendre de bonnes habitudes et à développer une résistance saine. En plus, c'est bon pour la force vitale. Et psychiquement je suis moins influençable et dépendante des variations thermiques extérieures.

Depuis le changement pranique, je suis plus sensible aux changements de la pression atmosphérique. L'humeur, les tissus, les os, les fluides, les articulations, l'hypersensibilité au froid et les rythmes du sommeil font parti des systèmes qui réagissent brusquement et très vite, bien sûr pas tout en même temps et pas toujours de la même intensité. Toutefois, je suis définitivement plus réceptive à l'influence de la pression atmosphérique et des variations thermiques. Mon organisme enregistre les changements de pression et les os absorbent l'humidité très subtilement mais distinctement. En un mot, je suis devenue un baromètre humain, non seulement pour le temps mais aussi pour les fréquences journalières. Quand je me tourne vers l'intérieur, mes antennes savent détecter quelles phases de la journée sont propices pour quelles activités. Et alors tout se passe merveilleusement. Je suis en état de compléter une énorme quantité de travail aussi bien mentalement que physiquement. Je suis en alignement avec moi-même et avec l'onde porteuse de la journée. Chaque jour est unique et à la fois réservoir et porteur d'influences, qu'elles soient cosmiques, astrologiques, atmosphériques, énergétiques, politiques, psychiques etc. pour ne nommer que quelques une d'entre elles. Il existe bien davantage d'influences, certaines intérieures, d'autres extérieures, certaines connues, d'autres encore inconnues qui nous accordent (comme un instrument), nous motivent, nous animent. En me levant le matin tôt, j'évalue le rythme de la journée et de ma disposition intérieure. J'oriente alors mon intention sur le flux énergétique qui est le plus harmonieux, productif et créatif. Il s'agit de le saisir et de l'adapter jusqu'à ce qu'il s'accorde sur la résonance personnelle. De nombreux rendez-vous, des obligations etc. compliquent le jeu mais c'est l'art de maîtriser le quotidien tout en restant centrée et en contact avec soi-même. Je me suis libérée de nombreuses choses qui ne m'intéressent pas ou que je trouve insensées. La vie est trop précieuse pour la gâcher avec des activités ou des gens avec lesquels j'ai peu ou pas de résonance.

C'est un hiver concentré sur le déblayage à tous les niveaux. Rien de nouveau pour moi. Tout comme je n'ai plus besoin de nourriture solide et matérielle, je peux me passer de plein de choses. J'ai réorganisé mon petit appartement. Maintenant j'ai plus de liberté de mouvement et de vide : des étagères vides, des tables vides, des murs vides.

Je suis tombée en glissant sur la neige glacée. Un gros hématome s'est formé au coude gauche. C'est vilain à voir mais cela ne fait pas mal. Je suis reconnaissante pour cette chute car elle prouve que je n'ai pas d'ostéoporose. Le processus d'auto-guérison s'est très bien passé. Je suis heureuse de constater une telle réaction du corps ainsi que ses pouvoirs de régénération au huitième mois de prana. Dans ce contexte, je peux relater aussi que d'autres petites blessures comme une coupure au doigt ou une infection à un doigt de pied se sont vite et bien cicatrisées. Le taux de coagulation est également impeccable.

Ici j'aimerais bien mentionner une épice qui est très utile en hiver parce qu'elle produit de la chaleur : c'est la cannelle. En outre, elle possède d'autres qualités merveilleuses : d'un côté elle stimule l'irrigation sanguine, elle stabilise la circulation et elle nettoie l'intestin, d'un autre côté elle confère la concentration et la pensée claire. J'apprécie son effet tout autant que son goût et je la mélange avec du miel et de l'eau tiède pour en faire une boisson bienfaitrice.

Bien sûr, je prends soin de ma santé. Je me traite avec l'énergétique informative que j'ai développée à partir de différents systèmes. Je conduis des contrôles généraux pour me tester de manière objective. Je dispose de beaucoup de forces mais maintenant plutôt dans un cadre normal et non plus comme en été ou j'étais sous l'influence accélérée de mars. Je fais l'expérience de l'hiver comme souvent : introvertie, avec des phases de sommeil plus longues et le besoin de calme pour étudier. Comme j'en avais l'intention, j'ai pris un peu de poids pour me protéger du froid. Et de nouveau je traverse une grande phase de nettoyage et ceci à plusieurs endroits : du scalp jusqu'au doigt de pied infecté en plus la langue est chargée, la peau exhibe des rougeurs et l'intestin élimine des excréments fluides. C'est l'intention du corps d'évacuer ces petites infections qui affectent le corps sans symptômes précis surtout à un âge mûr où elles se sont accumulées le long des années. C'est la raison pour laquelle je suis très satisfaite de ce grand nettoyage.

JANVIER 2018

À part le froid, il n'y a pas de grand challenge en Janvier. La décision de m'acheter des vêtements chauds et de bonnes chaussures en début d'hiver m'épargne de subir le froid et de me plaindre.

J'ai recommencé à me rendre de temps à autre au sauna, car ma circulation sanguine n'est pas tout à fait stable. J'allais régulièrement au sauna durant des décennies, mais j'ai arrêté alors que j'ai commencé le processus. Maintenant, mon corps profite de nouveau de l'air chaud et de l'eau. Il transpire bien, ce que je connais rarement depuis l'installation du mode pranique. Tout se passe très bien. Comme c'est la première fois depuis quelque temps, je ne me force pas à aller sous la douche froide ou dans les bassins d'eau froide. Toutefois, je ne doute pas que je reprendrai bientôt mes vielles habitudes en me jetant de nouveau dans le bassin froid. Pour l'instant, trois séances suffisent pour stimuler la circulation. Enfin, le sang circule en pulsant de nouveau dans les doigts de mes mains et de mes pieds. Et précisément ici, je tiens à adresser une grosse louange et un grand merci à mon corps pout toutes les aventures dans lesquelles il m'a accompagné ces dernières 64 années et en particuliers pour son comportement à l'occasion de ma conversion pranique présente. Je trouve fascinant qu'il ait stocké le savoir et la mémoire du sauna et qu'il soit en état de les remémorer aussi simplement. Et ceci, non pas seulement en rapport avec la transpiration mais en relation avec des exercices corporels et des formations variées. Dans le passé, j'étais souvent très dure avec lui, je l'ai négligé, j'ai ignoré ses réactions car je voulais simplement fonctionner et imiter les autres. Je l'ai mal nourrit tout en exigeant beaucoup de lui et en travaillant dur. J'ai mis fin abruptement à de longues phases de jeûne, bien que je sache que cela soit néfaste pour la santé. J'ai profité du corps qui fonctionne sans y réfléchir, sans reconnaissance et sans gratitude. Il ne s'est presque jamais plaint, sauf quand il a été gravement malade et n'a pas supporté le traitement allopathique. Ainsi, mon corps m'a montré de nouveaux chemins qui ont déterminé ma vie, mes recherches et ma confiance dans ce corps physique qui est le mien.

Je sais que mon corps a raison. Il y a une seule chose qu'il ne tolère à aucun prix : les drogues qu'elles soient légales ou pas, les médicaments chimiques, les poisons et l'alcool. Aujourd'hui, j'en suis si reconnaissante ! Mais, autrefois, alors que les autres étaient au septième ciel, ma tête pendait au dessus des toilettes. Et je me détestais. Parce que je n'avais même pas ma place parmi ces personnes et visiblement je ne pouvais pas faire autant qu'elles. Je ne réussissais pas à être comme les autres, même pas dans ce milieu. Je me posais la question : où est ma place sur cette terre ? Et je répondais : nulle part ! Après avoir reconnu cela, j'ai commencé à me comporter comme une visiteuse sur cette planète. Aussi en tant que visiteur on peut se sentir bien, même si beaucoup de choses sont étranges et étrangères, mais toutefois intéressantes et fascinantes. Et me voilà toujours présente sur terre. Ce qui est un miracle. Et si je continue à me sentir aussi bien, j'ose envisager que mon séjour ici sur terre-mère va encore durer quelque temps. Bien sûr, sur le mode pranique.

Peut être avez-vous aussi envie de dire « Merci » à votre corps ? C'est le véhicule avec lequel vous naviguez dans cette dimension. Prenez soin de lui, il va vous le rendre et bien vous servir.

Voici une observation que je n'ai pas encore rapporté : c'est le fait que ma libido s'éteint alors que la lumière s'installe et se répand dans mes cellules. Je ne connais aucune littérature qui confirme que l'installation du prana affecte les fonctions sexuelles. Je parie qu'au moins vingt hommes praniques depuis des décennies mais toujours aussi viriles vont se pointer pour affirmer tout le contraire. Je ne fais ici que rapporter mon humble expérience !

La libido ne s'est pas estompée pour une ou deux semaines pour finalement réapparaître. Non, elle est disparu depuis et elle reste dans ma mémoire comme le goût d'une poire mûre, d'une tiède brise automnale au crépuscule ou le parfum chèvrefeuille après une averse printanière. Un merveilleux souvenir qui garde intacte le ressenti, le goût et l'odeur du désir mais dont je n'ai aucun besoin maintenant. Une mémoire, une empreinte dans ma conscience humaine. Ni plus, ni moins. Je ressens même une libération. J'ai découvert quelque chose d'encore plus précieux. Comme si de nouvelles antennes sortent de tous mes pores et j'apprécie davantage tout ce qui m'entoure. Ma façon de percevoir est devenue plus fine et plus précise. Des êtres et des objets émanent un rayonnement de sensations chatoyantes. Je ne peux résister au plaisir de différencier les tons et nuances du tissu que la dame en face de moi porte, par exemple. La qualité de la couleur noire m'offre des variations que je n'aurais jamais perçues avant. La vie entière me parait posséder encore plus de facettes et de nuances. Mon intuition et mon intellect sont plus clairs et plus éveillés. Je me sens plus accomplie qu'avant la transformation pranique. Je suis davantage capable de manifester, plus cohérente et plus authentique, ce qui n'est pas toujours évident pour l'entourage. Faire face à la vérité, c'est seulement pour les âmes courageuses sinon il est plus facile de se leurrer dans la mer superficielle des illusions du consensus général. N'est-il pas urgent et nécessaire d'approfondir les choses, de découvrir la vérité et d'en prendre le parti ? Ne croyez pas que cela me soit toujours facile. J'atteins mes limites et je suis confrontée par ma propre qualité d'être humain et par mon humanité. Mais ce qui est juste et véritable est en alignement avec ce qui est l'ordre le plus élevé et sera reconnu pour tel. Tôt ou tard. Ceci s'exprime par le cœur, l'empathie et l'enthousiasme (dans son sens originel, du grec ancien Enthousiazein, d'inspiration divine), par la grâce. Mais aussi par la pensée claire, le ressenti et la perception au travers des antennes de l'aura.

FEVRIER 2018

Grâce aux exercices que j'ai fait ma vue s'est plutôt améliorée. Il y a déjà plusieurs années, j'ai remarqué que la vue dépend aussi en large partie de l'état psychique. Observez donc vos yeux en ce qui concerne leur capacité d'appréhender de percevoir, de recevoir le monde, l'extérieur en relation avec votre attitude intérieure. Du point de vue psychologique vous allez développer l'habilité de voir et percevoir plus en profondeur et au travers des choses. Toute l'histoire de la vue ne tient donc pas seulement aux dioptries. En fait ceux-ci sont eux-mêmes gérés par les oscillations mentales et émotionnelles. Qu'en pensez-vous ? En tous cas, la lecture des horaires imprimés en très petites lettres appartient pour moi au passé. La plupart du temps et tout particulièrement quand je suis pressée.

En février, Il y a quelques complications en ce qui concerne des commandes et des firmes de livraisons. Une attitude de coopération et de la bonne volonté contribuent finalement à des solutions satisfaisantes.

Voici qu'en ce moment il y a une vague d'éclaircissement dans le domaine des relations humaines, amis, connaissances et partenaires professionnels. Ce revirement provient soit de leur situation personnelle ou bien de mon attitude. Et cela tient aussi au fait que je ne peux plus tolérer aucune communication superficielle, futile et aucune diversion. J'ai un besoin prononcé de focus, de concentré, d'échange ciblé et fructueux. Ou bien de silence, de méditation, d'être en retrait, tournée vers l'intérieur - mais pas de blabla vide.

Bien sûr, il y a aussi les relations qui se sont développées de façon positive et qui sont devenues plus profondes et plus essentielles. Des relations nourricières et de confiance sur lesquelles je peux compter, m'offrent une véritable source d'accomplissement et de bonheur. Et pour cela j'éprouve une reconnaissance profonde.

Ma transformation est la conséquence de la lumière croissante dans mes cellules. En outre, elle reflète une forte polarisation – d'une part vers l'intérieur, d'autre part vers l'extérieur – qui correspond à l'influence des deux planètes Jupiter et Saturne. Elles vont se rapprocher l'une de l'autre jusqu'au 21. 12. 2020 au moment de la soi-disant « grande conjonction ». Cet évènement a lieu une fois tous les vingt ans, dont la dernière fois en l'an 2000. Généralement, la planète saturne est interprétée en tant que bloquante, négative et même de bons astrologues craignent son influence néfaste. Ce qui est fort dommage.

Bien que je ne sois pas astrologue et que mes connaissances soient plutôt limitées, j'aimerais offrir une description un peu plus différenciée. L'astrologie est une science très ancienne. Je me suis profondément intéressée à son influence à l'âge de 28 ans , alors que ma conception du monde a été complètement renversée. Je suis devenue gravement malade, confuse et confrontée par des perception qui m'ouvrirent à une toute autre dimension. J'ai été secouée par l'éveil. J'ai été obligée d'accepter ma clairvoyance et de la mettre à la disposition de la vie et des personnes. À mon avis, il s'agit de faire de Saturne un allié ce implique l'acceptance de la volonté supérieure à laquelle on s'adonne en liberté et en dignité pour oeuvrer avec lui de manière créatrice.

Saturne adresse des thèmes particuliers et pose des questions inconfortables comme : « Vis-tu en accord avec ton âme, avec le plan, le trajet déterminé par ton âme ? Ton voyage terrestre correspond-il à l'intention que tu t'es fixée pour cette incarnation ? ». Son influence nous force à réviser ce qui n'est pas ou n'est plus valide et à confronter ce qui devrait être évité ou ce qui a été surestimé dans notre système de valeur. Il le fait surgir à la lumière et si cela est nécessaire, il est aussi un expert en ce qui concerne les limites, les limitations et les délimitations. C'est un maître sévère qui sait récompenser généreusement, celle / celui qui a intériorisé la lecon. L'élève qui a compris le sens de la confrontation avec le sujet et qui introduit des changements dans sa vie par ses pensées et ses actions vera ses efforts appréciés. Car en effet, la récompense que saturne offre finalement, dépasse tout ce que l'on peut imaginer lors des remises en question qu'il déclenche.

Dans mon cas, c'est ainsi que j'ai découvert ma vocation à l'âge de 28 ans. À vrai dire pour l'égo, le prix à payer peut paraître élevé, car dans ce contexte la remise en question est fréquemment accompagnée de pertes et de conflits. Un monde s écroule. La perception des choses est radicalement changée.

Cependant, l'influence de la planète est uniquement de nature pédagogique et ne représente pas en soi une punition, contrairement à ce qui est couramment ressenti ou prétendu. Il est incontestable que Saturne nous oblige à nous tourner profondément vers l'intérieur et à nous débarrasser de ce qui est superficiel et faux ainsi que de tout ce qui a perdu sa validité. Oui, il nous secoue pour nous réveiller.

Son influence va être ressentie encore plus précisément car Jupiter le confronte dans cette constellation. Et lui, Jupiter n'aime pas les restrictions. Tout au contraire, son but est la croissance, l'urgence d'aller de l'avant, dehors dans le monde pour y annoncer la liberté et la vérité. Comment vont-ils se supporter ? Pas du tout, si nos concepts se limitent aux contraires. Et pourtant cette tension cache une grande et profonde occasion d'évoluer et de se transformer. Car il existe de d'atteindre une liberté plus souveraine et de s'aligner uniquement à la mission de l'âme au-delà des limitations supposées.

Et c'est précisément là que se trouvent les chances et les récompenses même si les tiraillement engendrés par les deux planètes font des vagues et remettent les choses en questions.

Mais je vous pose la question suivante : « Pourquoi sommes-nous là ? Oui ici, au 21ème siècle avec une conscience croissante ? »

Il y a un moment où les vielles règles du jeu ne sont plus applicables et où elles font place à un nouvel ordre. Puisse-t-il être dans la vérité, en accord avec l'âme du monde au service de tous les êtres et pour le meilleur de tous et chacun.

Les personnes qui ont Jupiter et Saturne fortement aspectés dans leur horoscope de naissance vont être nettement réceptives à leurs influences. Mais cela concerne tout le monde et la société entière qui va également être inondée de leurs effets transformateurs. Nous pouvons soit en profiter et ainsi parvenir à découvrir de nouvelles rives ou bien être les victimes du hasard et de l'arbitraire. Cela dépend de notre décision.

Un dernier challenge de cette conjnction particulière Jupiter – Saturne consiste dans leur orientation contraire, l'une vers l'extérieur et l'autre vers l'intérieur. Si la condition mentale de la personne n'est pas équilibrée, elle va se sentir déchirée et plongée dans des conflits soit intérieurs ou extérieurs, potentiellement dans les deux.

Par contre, quand un certain équilibre règne, la personne est capable de garder des limites saines et elle reconnaît la nécessité de l'introspection comme celle de l'extraversion. Dans le meilleur des cas, un pont véritable est établi entre l'aspect ésotérique (ce qui n'est pas visible mais plutôt enfoui et intériorisé) et l'exotérisme qui s'adresse à l'aspect visible et extériorisé de son être et de sa vie. Ceci correspond en fait à l'équilibre. Il est fort possible qu'il y ait quelques oscillations et des détours avant d'atteindre une certaine harmonie entre les deux aspects intérieurs et extérieurs.

En outre, il y a encore un autre aspect de cett conjonction que j'aimerais aborder. C'est le lien entre la liberté et la discipline qui peut générer une plus grande chance d'auto-détermination si les deux facettes sont harmonieusement développées. En tout cas il est fascinant de de suivre le propre développement et l'évolution de la société durant cett phase.

L'éclaircissement et la clarté dans tous les aspects de mon être sont la conséquence de l'effet de la lumière en général. Parallèlement elle jette ses rayons sur ce qui manque de clarté : la confusion, les contradictions, la pensée et le comportement dénués de cohérence et de logique ainsi que l'illusion. Dans certaines situations, les injustices et les manipulations sont découvertes et font place à l'équité. Ceci constituait un de mes thèmes préférés dans l'enfance. Quelquefois je n'arrivais pas à m'endormir parce que l'éthique et la droiture, la candeur et la bonne foi étaient bafouées. J'ai souvent été confrontée par ce sujet et toujours j'en reviens aux mêmes conclusions : « Reste-toi fidèle et sois honnête même si le prix est élevé et souvent associé avec le rejet, la punition et la perte ». Mais ce n'est qu'une illusion passagère. À la fin, c'est la vérité qui gagne. L'enfant le savait déjà.

Bouger produit de la chaleur. J'ai besoin de plus de mouvement. Donc je me procure un trampoline pour gérer le surplus d'énergie de façon saine et bienfaitrice. Il fournit un training plus différencié que les exercices de forces. Je continue à pratiquer ceux-ci non plus quotidiennement mais seulement trois fois par semaine. Ceci me fait du bien car je cherche à atteindre force et santé plutôt que de développer seulement ma musculature. Le trampolin est adapté à mes besoins car il décontracte les fascias et stimule le système lymphatique. C'est peut-être aussi l'influence des deux effets opposés de nos fameuses planètes ? Les deux situations contraires engendrent-elles une troisième option sous la forme d'un nouvel équilibre ? Observez-vous également ces schémas dans d'autres domaines ?

De temps en temps on me demande : « As-tu le droit de boire ou de prendre ceci ou cela ? » Les végétariens et les personnes véganes connaissent cela aussi. Un aliment est considéré comme particulièrement néfaste ou même interdit et il va enflammer une discussion pleine de points d'interrogations. La nourriture pranique ainsi que d'autres changements de régimes n'ont rien à voir avec les interdits et « ne pas avoir droit » - sauf bien sûr, s'il est nécessaire d'éviter un ingrédient particuliers comme par exemple le sucre dans le cas du diabète. En ce qui concerne entre autre le pranisme, le végétarisme, le véganisme, il s'agit de conscience et de responsabilité. Bien sûr les réactions du corps jouent également un rôle. Dans la plupart des cas, on peut à peine les ignorer au moins à la longue. Ce qui est mon cas.

MARS 2018

En général j'ai bien survécu la grande phase de froid. J'ai rendu visite à une amie dans les montagnes. J'ai eu tellement froid quelquefois que j'ai laissé fondre sur ma langue le petit chocolat qui est souvent servi avec les boissons chaudes. Non seulement il me parait délicieux, mais il génère une chaleur incroyable en moi. Mais chaque fois, j'observe que ma fréquence s'alourdit et s'abaisse. Cependant, le pire est encore à venir, alors que je réalise que mon système digestif réussit à peine à le digérer. Autrement dit, le chocolat (de moindre qualité) encrasse mon système et je ne me sens pas bien durant quelques jours, jusqu'à ce que la tentation sucrée soit complètement éliminée.

À la suite de cet évènement me voilà prise d'un véritable besoin de me nettoyer de fond en comble : je prends des bains purificateurs, je bois du thé au gingembre etc. Les réactions ne se font pas attendre. Une violente désintoxication par la peau et les intestins se manifeste, ce qui est en soi une bonne chose, même si elle est véhémente. Mon organisme réagit immédiatement et très clairement aux impulsions. Plutôt peu que trop : cela est plus que jamais valide dans mon cas en ce moment. Il faut que j'en prenne conscience et que j'inclue cette règle dans mes décisions. Saturne et le corps défendent leurs barrières, leurs limites. Bon, j'ai compris et je suis d'accord.

Quand je souffre du froid, je pense aux personnes qui sont obligées de dormir dehors. Bien sûr je ne les connais pas toutes mais les Roms de Roumanie ont attiré mon attention. Ce sont les gens qui font la manche et qui sont souvent méprisés par le reste de la société. Sont-ils vraiment organisés comme une sorte de mafia pour déranger les citoyens et leur soutirer l'argent du porte-monnaie, comme les journaux le décrivent ? La communication avec ces personnes est difficile car la plupart des Roms ne parlent pas l'Allemand. Mais j'arrive à comprendre que certains d'entre eux sont coincés ici parce qu'ils sont sans papiers et ne peuvent retourner dans leur pays. D'autres doivent payer leur voyage de retour sur l'argent qu'ils mendient. Il n'y a aucun doute qu'ils sont organisés. Il n'est pas nécessaire d'être sociologue pour deviner qu'il règne une hiérarchie parmi eux où une personne ou un petit groupe de personnes contrôlent et / ou exploitent les autres. Notre belle société n'est-elle pas elle aussi basée sur ce model ? En tous cas, ce n'est pas un acte héroïque d'humilier les plus faibles et les plus pauvres et de leur dérober leur dernière dignité. Elle qui contient l'étincelle divine qui vibre aussi en vous et en moi. Exactement la même. Je vous prie de prendre un moment et de ressentir cela à l'intérieur ! C'est cette conscience d'unité et pourtant d'appartenance commune à l'humanité qui me pousse à faire l'effort, même si j'ai froid, de leur apporter un thermos de

Tchai (la boisson préférée des Roms comme j´ai appris) et quelques sandwich faits maison. Ils sont à peine capables de tenir la tasse et le pain de leurs mains gonflées par le froid. Oui, ils ont maintenant passés plusieurs nuits dehors dans le froid. Je m´adresse particulièrement aux femmes car comme partout elles portent les tâches les plus ingrates et sont menacées dans leurs leur intégrités par les structures patriarcales qui règnent également parmi les Roms. Quelquefois, on arrive à se comprendre avec un peu d´italien et même mes connaissances de la langue russe aident. Un sourire, de la compréhension et de la chaleur humaine, et voilà ils ne sont plus des gens anonymes qui mendient : chacun a son sourire, sa façon d´être, sa personnalité et son histoire. En effet j´apprends beaucoup de choses avec eux. Je les respecte.

Vous pensez que cela n´a rien à voir avec la nourriture lumineuse ? Avant la conversion à la nourriture pranique, j´étais déjà empathique. Et maintenant encore d´avantage car la lumière ouvre le cœur. Pas les mièvreries sucrées et le blabla, tout au contraire, je ne peux plus les supporter. La lumière remplit le réservoir d´amour jusqu´au bord pour qu´il déborde dans le monde. Ma perception accrue reconnait immédiatement ce qui n´appartient pas à l´ordre des choses et ne correspond pas à la vérité. Nous nous sommes habitués à certaines situations que nous avons tendance à considérer comme normales, bien qu´elles soient en elle-même intolérables. Chaque jour j´invoque la lumière primordiale afin qu´elle révèlent les injustices et qu´elle rétablisse l´équilibre partout où un déséquilibre règne qui ne devrait même pas être permis. Demain matin, j'irai de nouveau rencontrer quelques-unes de ces personnes car il neige et il fait très froid.

La nourriture lumineuse est encore et toujours la bonne façon de me nourrir. Elle est devenue normale pour moi et je n'ai aucun regret. Ma vie s'est transformée, elle est remplie d'impressions sensuelles, d'inspirations spirituelles et intellectuelles, de profondes considérations de l'essence de l'être et de développements presqu'indescriptibles dans l'espace et le temps. Je suis pranique depuis onze mois et je me sens de mieux en mieux. Mon état est stable et résistant. Je suis très active et je travaille beaucoup. D'après mes dernières mesures, je ne manque de rien et subjectivement je me sens bien. Le sommeil est réduit à quatre heures. Un petit sommeil au milieu de la journée me fait du bien quand c'est possible.

09.04.2018

Mes notes se sont faites plus rares et ceci pour différentes raisons. D'abord parce que mon mode de vie pranique fait complètement partie de ma vie quotidienne et qu'il y a en ce moment peu à raconter. Deuxièmement parce que mon voyage me guide dans une phase intense d'introversion. Je suis laconique, concentrée et intériorisée. En ce moment je ne peux pas supporter les détours, les détails inutiles, les distractions, la bêtise, le bavardage, le superficiel. Heureusement je suis entourée de personnes merveilleuses en lesquelles je peux avoir confiance et qui apprécie aussi l'essentiel ainsi qu'une communication profonde et qui nourrisse l'être. Non pas que nous nous entretenions uniquement pour un échange succinct ou parler d'affaires, mais la clarté de l'intention, la confiance et l'équité règnent dans nos échanges. Notre respect mutuel, la compréhension et la sympathie n'ont pas besoin d'être constamment entretenus par des « preuves d'amour » superficielles. Je me sens bien avec ce genre d'interaction, libre, loyale, appréciée et acceptée telle que je suis et j'accepte l'autre tel/le qu'il/elle est. Il en résulte une merveilleuse entente et un travail fructueux grâce à cette façon de se compléter mutuellement.

En ce moment je me permets de me mettre en retrait de manière radicale - ou, plus exactement je ne peux faire autrement. Je me trouve momentanément dans une exploration intérieure au travers de nombreuses recherches énergétiques sur lesquelles je n'ai encore rien à raconter.

Je suis à la recherche de quelque chose, de quoi exactement ? Je ne sais pas encore, bien que mon inspiration me fournisse souvent des signes et des inspirations comme les morceaux d'un puzzle qui doivent être d'abord assemblés à partir de fragments. Du silence, proviennent les réponses et les nouvelles idées. Je connais bien ces phases de retrait. J'en ai déjà fait l'expérience plusieurs fois. Quand j'étais plus jeune, je ne comprenais pas ce qui m'arrivait et je me suis souvent forcée à entreprendre quelque chose, à aller vers l'extérieur, à être plus active, à me comporter « normalement », à paraître « normale ». En outre, je craignais de me laisser avaler ou aspirer par mes bourbiers intérieurs, ce qui était une considération sérieuse, dirais-je encore aujourd'hui. Il y a seulement quinze ans, un Imam, un homme oriental d'une grande sagesse, me fournissait une explication pour ces phases récurrentes. Dans un allemand défectueux, il m'a expliqué que je suis un derviche, tout comme lui, et que parfois nous avons besoin d'être très calmes, que nous ne voulons parler avec personne et que nous ne pouvons faire que le strict nécessaire dans le monde matériel. Semblable à un ermite, il se mettait en retraite durant ces phases, ne mangeait rien, ne communiquait avec personne, ne tolérait pas d'être dérangé, et ceci afin de trouver le silence pour se rendre réceptif à la voix et aux impressions intérieures. Dans sa position et en tant qu'homme, il avait le respect de sa communauté et pouvait réduire ses tâches à un minimum.

Même si je gère la situation différemment, je suis aujourd'hui capable de suivre l'appel intérieur sans conflit ni mauvaise conscience.

Je tiens à partager avec la lectrice et le lecteur ce qui vient de se passer à cet instant. Gertrud, une connaissance que je vois environ une fois par an, vient de me rendre visite dans mon magasin au Viktualienmarkt (Célèbre marché au centre de Munich). Elle me raconte que les Cathares pouvaient vivre sans nourriture matérielle après avoir reçu une bénédiction particulière. C'est la réponse à une question à laquelle je ne trouvais aucune information ni au travers de l'inspiration, ni dans les sources littéraires.

Les Cathares se sont-ils nourris de lumière ? Ai-je déjà pratiqué la nourriture lumineuse dans une incarnation précédente ?

Il y a encore deux thèmes à mentionner. J'ai adapté ma méditation à ma vie active. La visualisation m'est devenue plus importante, en particuliers la perception de la lumière dans mon corps et mon aura. Je peux la pratiquer partout, même quand je bouge comme quand je saute sur mon trampoline. Pratique, adaptée au quotidien et intégrée dans ma vie.

Le mois dernier j'ai eu de nouveau une crise de désintoxication, engendrée volontairement par beaucoup de bains purifiants et des tisanes. Le résultat a été radical et à différents niveaux. Les symptômes sont les signes d'une élimination des scories et des déchets qui se sont accumulés pendant des décennies. En aucun cas on ne devrait stopper de telles réactions ni les étouffer. Elles font partie d'un système d'auto-nettoyage pour que le corps puisse être purifié d'une part et qu'il puisse se régénérer d'autre part afin de fonctionner de nouveau dans des circonstances optimales. Quel miracle, n'est ce pas ?

Cependant il faut pouvoir gérer ces phases sans s'apeurer immédiatement, car certaines de ces crises peuvent être aiguës. Les médecins et autres thérapeutes devraient être en mesure d'expliquer et d'apprendre à leurs clients ce qui se passe ainsi qu'aux mères et à leurs enfants tout au long d'un suivi circonspect de leurs patients. Alors, nous aurions tous un système immunitaire sain et résistant. Moins de maladies et davantage de personnes en bonne santé. La fièvre est une réaction très utile du corps. En fait, la fièvre est un antibiotique naturel. La majorité des virus est détruite à partir de 39,5° C. Alors pourquoi cherche-t-on à éliminer systématiquement la fièvre ? Pour laisser les virus agir librement ? Pour affaiblir le système humain ? Quelqu'un pourrait-il me donner une explication plausible et scientifique ? Non ; je n'avais pas de fièvre mais plusieurs symptômes de désintoxication. C'est bien ainsi. Ce qui est à l'extérieur n'est plus à l'intérieur. Je sens que mon organisme est purifié pour le moment.

À un autre niveau, j'ai gagné une nouvelle compréhension des mécanismes qui existent entre mes sœurs et moi. Au premier abord, ceci m'a beaucoup étonnée, surtout que j'en faisais partie sans les remettre en question et que je me suis laissée manipuler sans m'en rendre compte. Il en résultait d'ailleurs une situation injuste et polarisée. Soudain, j'ai été ébranlée et j'ai réalisé que quelque chose n'était pas sain. Heureusement que cette vieille histoire, ce nœud ancien est démêlé et que nous en avons parlé. C'est ainsi que la lumière fonctionne : comme un spot qui rend tout visible, aussi les habitudes et les points de vue figés. Mais on n'a pas besoin de vivre de nourriture pranique pour profiter de l'action purifiante et éclaircissante de la lumière. La lumière intense sur la terre agit et fait son travail, ignorée de la plupart et mésinterprétée par d'autres. Afin que les images qui surgissent constamment ne soient oblitérées par l'ancien regard, il est important de replacer le caléidoscope dans un nouveau rayon lumineux pour apercevoir et ancrer les constellations qui apparaissent et se recréent constamment.

11.04.2018

Il y a exactement un an aujourd'hui j'ai entamé mon processus de nourriture pranique. J'ai maintenant vécu une année entière en tant que personne pranique du « troisième niveau », cela veut dire que j'appartiens à ceux qui ont renoncé à la nourriture solide mais qui consomment des liquides (eau, tisanes, café) et de temps à autre du miel, dans mon cas. Parmi les personnes du « quatrième niveau », on compte ceux qui boivent de temps à autre un peu d'eau et qui renoncent autrement à toute autre nourriture et ceci depuis au mois quatre mois.

Ce sont les informations dont le publique est friand. Mais comme vous le savez, il s'agit en fait d'autre chose : cela relève de la conscience, d'une façon de penser autre. Ainsi, en aucun cas, je ne vais me faire tester, peser, observer ou même inscrire où que ce soit. De telles mesures sont inappropriées dans le cadre de la nourriture pranique et autres sujets semblables.

Ce qui est encore moins adéquat, ce sont les œillères, les préjugés et le parti pris, l'attitude, l'approche et l'esprit avec lesquels de telles évolutions de conscience et d'expansion des capacités humaines sont considérées et traitées. On est convaincu a priori que ceci ou cela ne peut ou ne doit être et donc avec tous les moyens possibles, on s'acharne à le démontrer; on met en doute fortement et à haute voix ; on attribue à tort des suppositions et de toutes façons on n'y croit pas (Quel critère ce « Je n'y crois pas » !)

On rencontre cette attitude systématiquement dès qu'un thème diverge ou contredit l'opinion générale. Cela concerne les sujets ésotériques et ceux fondés sur des principes de bases similaires, bien qu'ils reposent sur une tradition de plusieurs milliers d'années comme par ex. l'astrologie, les méthodes radiesthésiques, l'acupuncture, le savoir sur l'influence de la lune, la théorie des signatures etc. Encore rien de tout cela n'a été prouvé !

Ce qui aggrave encore davantage ce genre d'attitude, ce sont de véritables délires de persécution et d'anéantissement. L'adversaire doit être démasqué et exterminé ! On doit absolument démontrer que l'on a raison et que l'autre a tort. Ne peut-on pas laisser les gens tranquilles même si on ne les comprend pas ? J'ai mentionné plus haut que la nourriture lumineuse ne m'a pas non plus spécialement attirée pendant des années. Mais je n'avais rien contre elle : simplement aucune résonance personnelle.

Pour terminer j'aimerais citer le livre de l'ingénieur agrée Reiner Gebbensleben : « Le sixième sens et ses phénomènes ». (Aucune traduction en langue française). Sur 672 pages il décrit d'innombrables expériences sur les travaux avec les baguettes de radiesthésie. Pas vraiment le genre de lecture pour s'endormir. Je suis pleine d'admiration pour le courage et l'intelligence profonde et infatigable dont ce scientifique fait preuve dans ces travaux uniques :

« La réduction des recherches à des composantes élémentaires, et qui plus est, sous l'angle unique d'une discipline ne peut conduire à la compréhension de ce système complexe, dans ce cas la radiesthésie. Les outils de recherche limités qui sont considérés comme les seuls et les vrais, sont toutefois chétifs ou piètres, par rapport à la nature et par rapport aux capacités humaines »

Mon dernier mot pour aujourd'hui : je continue mon mode de vie pranique. Je vis ma vie de tous les jours tout à fait normalement, sans aucun besoin de prouver quoique ce soit, de convaincre qui que ce soit ou de devoir passer quelque test que ce soit.

TROIXIÈME PARTIE :

LES THÈMES ACCOMPAGNATEURS

Dans cette partie , j´ai rassemblé certains thèmes qui ont souvent émergé durant le processus et qui, de ce fait, ont attirés mon attention. Je traite aussi de sujets qui ne sont pas couramment compris ou qui sont particuliers dans le cadre de la nourriture pranique comme par exemple le concept de la „Lumière"

1. MES MOTIVATIONS

Ma motivation première ainsi que la plus profonde, qui consiste à accorder mon organisme sur un mode de nourriture de lumière, est de nature spirituelle. Ma perception, mon travail quotidien de l´aura, mes connaissances métaphysiques ainsi que les découvertes de la physique moderne confirment l´existence des composantes subtiles et lumineuses de l´être humain. Depuis plusieurs décennies, les photons et leurs rayons lumineux sont scientifiquement mesurables. L´homme est originaire des dimensions subtiles, du domaine spirituel dans lequel le voyage de l´âme est ancré et vers lequel il retourne quand il quitte son enveloppe matérielle à la fin de son incarnation. Le corps physique est appelé à la vie et gardé en vie par l´impulsion vitale qui fait partie de l´énergie universelle imprégnant et soutenant le Tout de façon inhérente.

En outre, cette force est éternelle et illimitée, elle est aussi nommée Lumière. En effet, elle vivifie chaque atome de notre état humain. Ainsi que le reste de la création. Si cette énergie est partout, elle est donc aussi en moi. Ainsi il devrait être possible de l'assimiler et de l'ingérer énergétiquement, n'est ce pas ? Et si cette proposition vous paraît logique, puis-je me permettre de vous guider encore un pas en avant ? Si cette énergie donne la vie à chaque organe, à chaque système et à chaque tissu cellulaire du corps physique et en même temps lui confère la vie, il devrait être possible de passer d'une nourriture matérielle à un mode d'alimentation énergétique aussi appelée nourriture pranique ou de lumière ?

J'espère que cette introduction est satisfaisante pour l'intellect, l'entendement et la compréhension de la lectrice ou du lecteur. Je fournirai d'avantage d'explications dans le chapitre « La nourriture pranique ou lumineuse ».

Bien sûr, psychologiquement il doit y avoir un intérêt et une affinité pour entamer un tel processus. Dans les années 90, alors que j'ai entendu parler de la nourriture de lumière pour la première fois, j'ai pensé : « Oh, c'est intéressant mais je ne vois pas pourquoi je me nourrirais de lumière ». Et à partir de ce moment le thème était tranché pour moi. Mais 10 ans plus tard, le thème a commencé à me venir souvent à l'esprit et ceci sans aucune impulsion extérieure. J'avais régulièrement cette idée et bien que je la supprime comme par le passé avec l'excuse : « Cela doit être difficile, je n'y arriverai pas de toute manière. Surtout que je travaille beaucoup et que je ne peux pas m'offrir une longue phase de transformation sans travailler ». Et ainsi le sujet était mis de côté. Jusqu'à la fois suivante.

Ensuite, il est devenu latent dans mes arrières pensées jusqu'à ce qu'il se faufile doucement mais sûrement un chemin dans ma conscience. En tous cas, je possédais déjà le savoir sur les origines lumineuses de l'être humain et du fait qu'une nourriture basée sur la lumière était possible. Parallèlement, je faisais certaines observations. Mon système digestif ne supportait plus ni excès ni additifs. Des aliments contenants des colorants, du gluten, du sucre blanc ou même des produits toxiques non déclarés déclenchaient des réactions désagréables. En outre, mon organisme pouvait détecter de la nourriture préparée sans attention ou même des mets cuits longtemps au préalable, donc pas frais. J'avais l'impression d'avoir un détecteur dans l'estomac qui m'indiquait quand des denrées étaient impures ou dénuées de force vitale. Ma perception clairvoyante discerne aussi les vivres vivants et naturellement rayonnants et ceux qui ont l'air sain physiquement mais sont démunis de vie et de pouvoir nutritif. Dans le meilleur des cas, ils peuvent servir à remplir l'estomac, comme le ferait du carton ou quelque masse dénuée de valeur nutritive.

Graduellement, j'ai réduis mes repas à quelques produits alimentaires de qualité biologique, donc à une nourriture presque uniquement crue et vivante qui fournit de la vitalité. En outre, j'ai observé que trop d'ingrédients surchargent l'organisme avec un chaos d'informations qui l'obligent à mobiliser beaucoup d'énergie et de temps afin de les distinguer et de les digérer systématiquement. Ces processus dérobent non seulement énormément de forces, mais aussi réduit le potentiel intellectuel d'inspiration et de réflexion qui devrait être à disposition. La digestion de nourriture déséquilibrée soustrait le corps de l'attention et de la concentration comme on peut l'observer entre autres après le repas de midi chez beaucoup de personnes.

Et puis, il y a ce témoignage que j'avais fait il y a quelques années. J'étais au zoo, alors que je remarquais que les gens étaient constamment en train de manger, sucer, lécher ou mâcher quelque chose ; que ce soit de la glace, une cigarette, un chewing gum, un sandwich, un fruit, une sucrerie, un repas ou quelque snack. Bien sûr, il y avait aussi toutes les boissons possibles : le thé, le café, les jus, les limonades et l'eau. Et ceci pendant des heures. La phase orale d'après Freud. On pourrait me faire le reproche d'aller au zoo et d'y observer les humains au lieu de regarder les animaux ! Pour ma part, j'ai également observé ma tendance à mettre quelque chose dans la bouche ou à boire, sans faim ni soif. D'où vient cette préoccupation, ce besoin d'avaler ? Est-ce que la personne qui passe toute la journée devant l'ordinateur a vraiment besoin de trois repas par jour et peut-être aussi de quelque chose de sucré entre deux, un peu de caféine ici et là et bien sûr de l'alcool en fin de journée pour rendre le tout plus supportable ? À vrai dire, qui a autant de choix ? Uniquement les gens des pays industrialisés. Et parmi eux, ceux qui peuvent se l'offrir. Ceci est possible depuis une cinquantaine d´années seulement. Pour le reste de la population mondiale, ce n´est pas le cas. Et pour une grande partie d´entre elle, cette abondance est entièrement inaccessible.

Comme je l´ai déjà mentionné, durant mon enfance et ma jeunesse certaines choses me paraissaient déjà fort douteuses et problématiques. Particulièrement, cette dépendance à la consommation qui m´apparait être une litanie récurrente de manger, dormir, travailler. Il reste à peine de temps ou de forces pour autre chose. Toutefois, il était nécessaire que je m´ancre dans cette vie et que je m´adapte à ces cycles répétitifs comme tout un chacun. À un certain point, j´ai décidé que j´étais assez ancrée et j´ai tenté d´échapper à ces répétitions incessantes qui gardent l´homme prisonnier dans les trois chakras inférieurs.

J´ai été menée à certaines conclusions en faisant des rapprochements entre les habitudes de se nourrir et la valeur nutritive des denrées. Ce qui me frappe, ce sont les imbrications intrigantes entre l´industrie agroalimentaire et l´industrie pharmaceutique. Cela vaut la peine de s´informer sur l´origine et la production des produits et des médicaments que nous consommons. De nombreux journalistes, cinéastes et chercheurs partagent leurs rapports avec le publique, même en courant de gros risques. Les informations, les chiffres et les preuves sont à disposition de tous ceux qui estiment suffisamment leur propre valeur en tant qu´être humain. Et celle des animaux, des légumes et des fruits qu´ils consomment. Si la maxime « Tu es ce que tu manges » est appliquée et applicable, on peut au moins développer un certain sens de sa propre valeur pour ingérer de la nourriture fraîche, vivante et qui fournit des forces. Et si la santé est notre plus grand bien, on aura vraiment mérité mieux que les antibiotiques, les analgésiques et la cortisone qui sont emmagasinés dans la viande des animaux ainsi que les engrais et les désherbants dans les légumes.

Depuis plusieurs années, je dédie ma vie au vivant et je m'engage pour tout ce qui confère sens, rayonnement, optimisme, confiance et vivacité. J'ai la capacité de percevoir l'énergie, de la mesurer et d'obtenir des informations par voie médiumnique. Et c'est pour cela qu'il n'y a pas de télévision, pas de frigidaire etc. chez moi. Dans d'autres domaines je me suis débarrassée d'un tas de façons de penser, de comparer et d'agir qui sont inutiles et donc une simple perte de temps.

Ma deuxième motivation est politique ainsi qu'une décision consciente de renoncer au mode de consommation en général et en particuliers de manger des aliments qui rendent malade. En me nourrissant de lumière, j'ai accès à la source de nourriture la plus élevée. L'être humain possède un libre arbitre. Il a le choix. En fait, chaque minute exige une décision de sa part. Pourquoi ne pas utiliser cette possibilité ? Chaque décision prise mais également chaque décision non-prise a des conséquences. J'ai décidé de vouer mon amour, mon temps, ma force et mon pouvoir, mon argent en un mot mon énergie à la Vérité et au Vivant. Il en résulte une résistance passive contre la bêtise, la nourriture « vide », les toxines et poisons ainsi que d'autres produits et habitudes dégénérés. C'est une façon saine de larguer l'inutile, le néfaste etc. Pas de blabla, pas de consommation et pas de perte de temps ou d'espace. La conséquence naturelle est le boycott de produits, de situations, de manières de penser et de systèmes négatifs et non propices à la vie. Les sevrer de jus, de résonances, de forces et d'énergies, de nourriture (négative dont elles sont si friandes).

Dans ce contexte, je me joins à l'athlète afro-américain Genesis Sunfire. Il faut savoir qu'il est une des rares personnes praniques à prêter un aspect politique à sa conversion à un mode de vie pranique. Jasmuheen également a de hauts idéaux pour l'humanité. Elle propose l'alimentation de lumière comme solution pour les pénuries alimentaires de la population mondiale et travaille en collaboration avec les Nations-Unies.

En ce qui me concerne les raisons qui m'animent sont bien plus modestes. Je pratique loyalement ce dont je suis convaincue. Je ne considère pas le pranisme comme une solution ou même une possibilité pour tout le monde. Il y a quelques années, il ne me disait rien non plus. Maintenant il m'est tout à fait approprié.

J'ai un esprit aventurier et bien que j'aime lire et profiter des expériences d'autres personnes, je tiens à rassembler mes propres impressions. Avant tout, il s'agit pour moi de vivre décidément en accord avec mon crédo.

2. MES PRÉPARATIONS

Dans le chapitre précédent j'ai décrit combien mon corps était devenu sensible à la nourriture inerte ou pleine d'additifs toxiques. Mais même avant, j'avais une prédilection pour les aliments frais et naturels de culture bio-dynamique. Je connais aussi le végétarisme et le véganisme depuis très longtemps ainsi que le nutritionisme d'après le Dr Bircher-Benner.

Je ne peux m'empêcher de penser à ma mère qui nous inculquait de manger peu de viande. Et surtout pas de poulet aux hormones mais du poulet de ferme. C'était dans les années 60 ! Chaque jour, elle préparait des légumes frais du jardin. Quelques années plus tard, alors que j'étais infirmière à la clinique Bircher-Benner je mangeais mon Bircher müesli quotidiennement (pas le mélange sec et inerte en boite ou sac en plastique, mais le vrai avec des produits frais et naturels). Comme je l'ai déjà mentionné, je perçois l'énergie des aliments. Cela ne veut pas dire que je me suis toujours bien nourrie. Je connais aussi la voracité et les maux d'estomac après avoir soit trop mangé, soit mangé tout et n'importe quoi mélangé ou bien encore de la malbouffe. Toutefois mon corps me rappelle vite à l'ordre et me montre ses limites. Aujourd'hui je lui en suis reconnaissante. Voici c'est mon histoire.

En ce qui concerne la spiritualité, elle occupe un rôle croissant dans ma vie. Ce n'est rien de nouveau en soi. Mais son appel devient de plus en plus urgent. Il est impossible d'en parler ou de l'enseigner sous différentes formes sans la vivre avec ferveur. Je suis en unisson avec mon être et je suis ma perception subtile et ma voix intérieure entièrement, car elles sont très distinctes et claires.

La purification corporelle et psychique, les rituels de clarification intérieure, les phases de retraits, la méditation et la contemplation font partie depuis longtemps de ma pratique spirituelle, ainsi que le jeûne sous ses différentes formes. Je sais donc comment mon corps réagit pendant la détoxication. Durant les dernières années, je me suis limitée aux mono-diètes car j'avais trop peu de temps libre pour faire un jeûne complet. Un jour par semaine on ne mange qu'un seul aliment par exemple des pommes de terre, du riz ou des fruits. Mais ceci ne me suffisait plus. Mon système avait besoin d'une détoxication et d'une transformation sur un mode alimentaire énergétique de meilleure qualité. J'y réfléchît pendant un an. Je ne trouvais pas le temps nécessaire. Trop de travail, pas assez d'argent pour faire une pause. Des voyages, des projets difficiles, une grande faim, la fatigue : oui, mille et une excuses. Mais je pensais souvent au temps où je me sentais légère et flexible. D'accord, mais maintenant j'ai trente ans de plus. Finalement j'ai réussi à jeûner. Je me sentais mal. J'avais mauvaise mine. J'ai réalisé combien j'étais empoisonnée. J'en ai conclu que ma conscience spirituelle était limitée et bloquée par mon corps plein d'impuretés.

Puis le grand nettoyage a commencé. Après quoi je me suis sentie vraiment mieux. Je ne voulais pas retomber dans l'état précédent. Donc il fallait que je prenne de bonnes habitudes, ce qui influença ma fréquence. Je me sentais légère, claire et plus éveillée. À partir de ce moment, je ne voulais plus seulement garder l'état présent mais je voulais encore le perfectionner. Puis j'ai ajouté le mouvement physique régulier avec beaucoup de joie et de bien être. Même si les débuts étaient durs et exigeaient de la discipline et une grande maîtrise de soi.

L'appel spirituel s'est accru. J'ai reçu l'inspiration très clairement et de façon insistante : il est temps d'opter pour la nourriture de lumière. Cela m'intéressait mais la réalisation concrète me paraissait encore loin et je ne m'en sentais pas capable. Trop dur, trop difficile. Surtout quand on vit une vie normale où l'on doit être adaptable dans le temps et l'espace. (Je voyage beaucoup et je travaille très irrégulièrement.)

J'ai continué à m'intéresser à ce sujet. Intellectuellement j'étais devant une énigme à laquelle je ne trouvais pas de réponse : quelle est la différence entre le jeûne et le processus des 21 jours ? Et vous, pourriez-vous y répondre ?

Le jeûne, je connaissais et je savais que j'en étais capable. J'avais rassemblé suffisamment d'expériences au fil des années. La question me tracassait sans que je puisse fournir une définition précise. Tout d'un coup j'obtins l'aide de l´esprit : le jeûne et la nourriture pranique sont complètement opposés.

À vrai dire j´étais confuse. Dans les deux cas on arrête de manger. En effet il y a différentes manières de jeûner : avec des tisanes, des bouillons, de l´eau, des jus… je n´y comprenais rien. Puis j´ai décidé de lire tout ce que Jasmuheen a écrit. Parallèlement à cela, mon corps devenait de plus en plus sensible à la nourriture que je mangeais. Aussi, pendant des vacances que je passais à l´étranger avec une connaissance, il y avait des buffets qui regorgeaient d´une surabondance incroyable de mets délicatement préparés littéralement à gogo ! Elle se servait une fois en grande quantité, une deuxième fois, puis une troisième fois. Tout le monde en faisait autant. Moi aussi. Jusqu´à ce que je me sente mal. J´y ai réfléchi. Pourquoi une telle goinfrerie ? Cette connaissance souffre de surpoids et de problèmes d´articulations, bien qu´elle soit plus jeune que moi. Elle veut se gâter en mangeant beaucoup. Elle ressent un vide intérieur qu´elle a besoin de remplir. C´est de la compensation. Alors que profondément à l´intérieur elle éprouve un manque d´acceptation de soi et même une certaine haine envers son être. Ce moment a été un tournant pour moi : si je respecte mon être essentiel, je ne consomme qu´une nourriture pure et vivante, une nourriture bienfaisante. C´est ainsi que j´ai commencé à changer mes habitudes nutritionnelles, en réduisant la quantité et en en augmentant la véritable valeur nutritive, la qualité. Bien se nourrir, c´est une preuve de savoir prendre soin de soi-même.

J'ai continué à lire les livres de Jasmuheen, qui parle de la connexion aux maitres ascensionnés. Un concept qui m'est acquis depuis mes années d'études de la théosophie. Autrefois, j'ai suivis les cours par correspondance de l'école Arcane de Londres où j'ai étudié les œuvres d'Alice Bailey en profondeur. Le contact que Vicky Wall entretenait avec les maitres ascensionnés était impressionnant et très vivant. C'est par le truchement des quintessences d'Aura Soma R, en particulier, qu'elle a diffusé leurs concepts au publique. J'ai été pendant longtemps une des élèves de Vicky Wall et j'étais instructrice du système de chromothérapie Aura Soma. À mon avis et d'après ma perspective actuelle, le Divin, la Grande Force se manifeste au travers de tout ce qui existe et imprègne absolument tout, l'être humain inclus. Et elle est là, cette force divine pour être reconnue et honorée en nous. Pourquoi donc l'homme se considère-t-il toujours comme un serf de maîtres sur terre et aux cieux ?

Je commence le PNP d'après Jasmuheen à la Noël 2014. Du point de vue énergétique cette époque est très intense et contient la lumière dans son essence secrète et non manifestée. J'ai suivi les instructions exactes et j'ai arrêté de boire et de manger. Puis j'ai attendu. De temps à autres je me suis entretenue avec les maîtres sans conviction véritable. Je me sentais solitaire et j'avais froid. Je confrontais tout ce qui ne fonctionnait pas en moi et dans ma vie. Puis les symptômes de détoxication ont commencé. Rien de nouveau mais toutefois accrus par le manque de liquides. J'ai prié. Mon attitude spirituelle s'est révélée être aussi peu solide que mes réactions physiques. Je me sentais mal et j'avais l'air malade. Mon aura n'était pas lumineuse non plus, comme tous les doutes, toutes les peurs et les miasmes y sont contenus. À un certain point on devait prendre des jus, ce que je ne pouvais pas supporter et ma tension était de plus en plus basse. Le résultat au 19ème jour était une apparence minable et un processus qui n'avait rien à voir avec le PNP. J'en conclu que j'avais fait tout ce que l'on ne devrait pas faire : entre autres, commencer sans préparation préalable, supprimer les liquides et manquer de foi dans le soutien des Mondes de Lumières. Cette expérience était un succès complet dans la mesure où j'ai pu observer impitoyablement tout ce qui n'allait pas et ce qui n'était pas en ordre. Donc il s'agit maintenant de sélectionner ce qui est sensé et juste. Ni plus, ni moins et ceci à tous les niveaux. Et je prendrai le temps qui sera nécessaire, jusqu'à ce que je sois certaine que je suis vraiment prête.

Puis deux ans ont passé, deux ans de préparation qui ont débuté de nouveau par des lectures. Dans ce contexte j'aimerais remercier Michael Werner dont le livre et les expériences subséquentes m'ont beaucoup impressionnée. Il est docteur en chimie et anthroposophe. Son rapport est pour moi décisif parmi tous ceux que j'ai lus.

Durant deux ans je prépare mon corps en prenant peu et exclusivement de la nourriture de très bonne qualité. Je me sens bien avec des aliments crus et vivants. Et encore mieux avec des smoothies faits de fruits biologiques, d'herbes sauvages de mon jardin et de graines germées que je fais pousser. Je tiens à ce que la conversion nutritionnelle soit très graduelle et en aucun cas guindée ou dogmatique. Au contraire, tout est permis et cela doit me faire plaisir. Je suis capable de renoncer à ce qui ne me fait pas de bien sans éprouver de manque. Je suis digne de manger le meilleur, ce que mon corps supporte bien et ce qui me donne de la force. Finalement mon menu est exclusivement constitué de smoothies délicieux avec quelques exceptions soit quand je suis pressée ou quand j´ai des envies (de chocolat quand je suis en Suisse !). Je perds lentement du poids ce qui me fait du bien.

Au travers de ces lectures et des mes recherches sur internet je découvre qu´il y a de nombreuses variations sur le thème de la nourriture pranique et du processus de conversion, comme j´aime à le nommer. Honnêtement certaines propositions me paraissent complètement irréalistes, d´autres se présentent comme un jeûne court avec des affirmations et des méditations. Certaines encore donnent l´impression de tentatives expérimentales avec d´autres formes de nourriture. Puis encore d´autres ont l´air d´être des exercices d´imaginations combinés avec des techniques de respiration. Comme partout il est nécessaire de se faire une idée claire et précise sur ses propres attentes et ses standards personnels. Et bien sûr de mobiliser sa capacité de différencier, de faire la part des choses. Pour moi c´est certain : en moins de 21 jours je ne peux pas établir un contact valable au prana et l´ancrer ou le réactiver dans mes cellules !

Donc je dois trouver trois semaines pour que je me consacre et me dédie au PNP. Je suis à la recherche de cette phase où je n'aurais ni à voyager ni à enseigner. L'hiver n'y est pas propice à cause du froid. Les énergies du printemps sont fraîches et pleines de vitalité comme la sève qui coule dans les veines de la nature. Profiter des énergies du renouveau serait une bonne idée. Ou peut-être de la récolte de l'automne… Je tergiverse. Le mieux en fait serait en été pour profiter de la chaleur du soleil, de l'extroversion, du temps que l'on passe dehors ; la saison pendant laquelle je me sens physiquement au top. Pour l'instant, je laisse la date encore ouverte et je me concentre sur ma disposition intérieure. Il est recommandable d'accomplir le processus quand on se sent bien et ceci sous tous les aspects : santé, financier et relationnel. Rien qui ne ronge les forces, n'affaiblisse le système immunitaire et pas de problèmes chroniques non plus qui risqueraient de distraire l'attention. Pas de déménagement, pas de divorce mais pas de mariage non plus. À mon avis la phase de transformation et de l'installation du prana dans les cellules est une période tout à fait spéciale à laquelle on doit dédier une place principale. Pour moi, il devient de plus en plus clair que si je réussis cette métamorphose, j'aspirerai à continuer de vivre une vie pranique au-delà des 21 jours de la transformation. Les trois semaines ne sont pas un test, pour voir si c'est faisable. Il y a beaucoup de personnes merveilleuses qui l'ont fait. Des jeûnes de trois semaines, je connais déjà. En vérité je ne veux rien d'autre que devenir définitivement pranique et le rester, si je réussis à faire la permutation.

Peu à peu je prépare mon corps en réduisant la quantité de smoothies. Je prends divers fortifiants et je teste plusieurs aliments complémentaires. Je veux m'assurer que je débute le processus sans aucun manque ou faiblesse. En pensées je conçois déjà depuis longtemps le fait de vivre sans faire d'emplettes, de cuisine, de vaisselle etc.

Mon état d'esprit est déjà en train d'évoluer. J'aspire à de longues méditations. Mon lien vers le Haut, c'est à dire vers l'Intérieur, occupe une place de plus en plus importante dans ma vie. Il me manque quand je le néglige, quand je ne trouve pas le temps. Ma communication intérieure devient plus claire. Ma relation à la lumière m'a constamment accompagnée et portée dans mon développement. Je l'utilise dans mes consultations. La lumière et l'amour sont les deux aspects de la même unité. La clarté de la lumière et sa capacité de clarification sont prioritaires dans mon incarnation présente, contrairement aux vies passées durant lesquelles la capacité de donner et de recevoir de l'amour était essentielle. La lumière est ma raison d'être, ma plus profonde aspiration et ma complétude la plus élevée en même temps. La lumière comme nourriture ? Oui, s'il vous plaît ! J'en prends une double portion !

Je me réjouis vraiment du processus. Pourtant je ressens une légère incertitude. Le projet exige un cadre temporel, il doit être cadré par des réflexions et des décisions pratiques. Quand vais-je commencer ? Qui m'accompagne ? Comment me préparer pratiquement ? Ma fidèle amie Gitta sera comme d'habitude tout près au cas où j'aurais besoin d'elle. Je te remercie de tout cœur, chère Gitta ! Il faut que je décide bientôt d'une date proche sinon l'enthousiasme et le dynamisme risquent de s'évaporer. Une condition est claire : je fais le processus seule et non pas dans un groupe. Comme j'ai déjà fait presque toutes les erreurs possibles il y a deux ans, j'ai aussi passé tous les tests. Et mon ego n'est pas si dominant : si je ne vais pas bien physiquement ou psychiquement, je fais une pause ou même je mets fin au processus.

C'est ainsi que je décide d'entamer les trois semaines au début des vacances de Pâques. Le 11 avril 2017 ma nouvelle vie commence.

3. MA METAMORPHOSE CORPORELLE

a) Pendant le processus

Le changement sur le mode de nourriture par la lumière et l'installation du prana à l'intérieur du corps éthérique et dans les cellules a lieu pendant trois semaines. Vous avez suivis cette phase tout au long de mon récit.

Qu'est ce qui s'est passé durant ce temps ? Une purification et un nettoyage. Elles sont semblables - au moins au début du processus - à ceux d'un jeûne. C'est pourquoi il serait recommandable d'avoir observé son corps ainsi que ses réactions durant une phase de jeûne avant de se lancer dans le pranisme. Même si on retrouve des parallèles entre le début du processus et les symptômes habituels et typiques du jeûne, je tiens à souligner que l'on peut être également confrontés à des réactions tout à fait individuelles. L'état de jeûne dépend de facteurs variés et variables, tel que le ressenti tout à fait personnel et la capacité de s'observer subjectivement ainsi que, bien sûr, de l'état plus ou moins encrassé des tissus. Des maux de tête sont supportables pour certains, surtout quand ils savent que la détoxication en est la cause. Quelqu'un d'autre pourrait déjà se sentir malade. La perception individuelle du malaise dépend naturellement de la relation que l'on entretient avec son corps. C'est une bonne idée que de développer une relation saine et de confiance avec son aspect physique avant de commencer le processus. La confiance est dans ce cas primordiale pour respecter et aimer le corps matériel dont les cellules sont télépathiques.

J'ai eu relativement peu de symptômes de décrassage grâce à la préparation de longue date et en profondeur et grâce aux smoothies qui ont un effet purifiant. De légers maux de tête, une langue chargée et quelques heures où mes articulations étaient douloureuses. C'est le système circulatoire qui a le plus souffert.

Pendant les 21 jours l'intestin est toujours actif. À mon avis, il est important de boire suffisamment pendant tout le processus pour que les cellules, l'intestin et autres systèmes corporels soient bien rincés de l'intérieur. Vers la fin de la première semaine, il y a une réaction violente de l'intestin comme si le corps comprenait et disait : maintenant je vide tout, je fais table rase !

Ce qui est impressionnant car je n'ai plus rien mangé depuis plusieurs jours. J'ai seulement bu de l'eau et de la tisane.

Au début la peau et le teint ne sont pas particulièrement beaux parce qu'eux aussi se débarrassent des toxines. Comme je passe beaucoup de temps dehors je deviens rapidement bronzée, ce qui me donne une bonne mine. Un changement visible et positif de la peau s'installe rapidement. Elle est purifiée et des boutons anciens disparaissent graduellement. La peau plutôt sèche de mes pieds qui a besoin de soins depuis quelques années se transforme spontanément en peau rajeunie et douce, bien que je marche pieds nus dans le jardin.

Beaucoup de personnes praniques rapportent une perte de poids, du moins au début. Mais pas tous. Dans mon cas la perte de graisse est presque problématique. Autrement dit, j'en fais un petit problème. Je perds beaucoup de poids en peu de temps, ce qui n'est pas avantageux pour moi car je suis plutôt de petite stature. J'ai déjà perdu du poids avant le processus et je n'ai pas beaucoup de réserve. Si possible on ferait mieux de débuter le processus avec quelques kg en trop. Ce qui m'inquiète, c'est que je continue à perdre du poids après les 21 jours. Mon poids « plume » me rend physiquement et énergétiquement incertaine. Je me sens trop légère, je n'ai pas d'ancrage et j'ai du mal à marcher droit et normalement. J'aurais envie de me mettre un kg de pierres dans chaque poche pour me redonner de la stabilité. En fait, ce sont les autres qui ont encore plus de problèmes avec ma perte de poids, bien qu'il y ait vraiment aussi d'autres choses à remarquer. Il existe une véritable fixation sur le poids.

Je dors bien d'habitude, mais le sommeil pranique dépasse toutes mes attentes et ce que je pouvais imaginer. Il est extrêmement régénérateur, rafraichissant et comparable avec le sommeil de l'enfance, profond et paisible. Mais il est plus court qu'avant. Dans mon cas sa durée ne s'est pas raccourci de la moitié comme cela devrait être le cas. Donc je suis une grande dormeuse d'après le mode pranique. Peut être parce que j'apprécie tant le sommeil. J'en ai encore besoin de quatre ou cinq heures.

Dès que la phase de purification est terminée, je développe une grande force physique et une bonne capacité d'endurance. Je suis également moins sensible à la douleur. J'ai un élan incroyable et je me lève à 4 heures du matin avec un enthousiasme incomparable et je marche et je cours pendant des heures dans le parc et le long de la rivière (L'Isar, la rivière qui traverse Munich). C'est comme si il y avait une libération de la vivacité et du besoin de mouvement. La nouvelle flexibilité et le rajeunissement de mon corps me rappellent le plaisir de bouger de l'enfance, même si la peau n'est pas partout aussi belle à cause de l'amaigrissement rapide. Je suis ravie de retirer une telle joie du mouvement et une telle endurance du corps physique. Je ne me souviens pas avoir lu quoique ce soit sur les avantages du sommeil pranique ou sur le bonheur du corps devenu léger. C'est une surprise à laquelle je ne m'attendais pas.

La seule conséquence de l'installation du prana qui ne me plaise pas, c'est la sensibilité accrue au froid due à la perte de graisse.

Je demande pardon pour les répétitions (et j'en ai barré plus d'une !) mais mon hypersensibilité à la froideur affecte vraiment mon nouvel état d'être. Je m'étais attendu à des températures et à une atmosphère printanières mais il a neigé à pâques. Même dans l'appartement, j'ai besoin d'avantage de chauffage, ce qui est inhabituel pour moi. Je porte plusieurs couches de vêtements et, pour la première fois de ma vie, un caleçon long sous le pantalon. C'est un côté avantageux de la perte de poids : je peux maintenant porter plusieurs couches les unes sur les autres. Finalement je prends la fuite dans le Tessin pour échapper au froid.

Puis l'été arrive et la chaleur me comble !

b) LES PROCESSUS À L'INTERIEUR DU PROCESSUS

Mon PNP est porté et consolidé par une constellation astrologique exceptionnellement favorable. La planète Mars attise vraiment mon signe solaire, Jupiter.

J'ignorais tout de cela au début, c'est en discutant avec une astrologue que j'apprends cette nouvelle très positive. Naturellement cette constellation me donne énormément de force et s'avère être pratiquement une garantie pour le succès d'une telle entreprise.

Même quand le prana est installé, le processus continue. À mon avis la métamorphose n'est pas terminée : on a atteint un certain stade mais le nettoyage continue seulement de manière plus lente. Plutôt cyclique, aimerais-je ajouter. Certains organes ou systèmes qui étaient affaiblis préalablement au PNP peuvent encore manifester des symptômes ou donner des signes de malaise. Je pense que la purification du corps et des tissus et la désintoxication plasmique vont encore prendre du temps. J'ai vécu 63 ans de nourriture solide et matérielle. Cela laisse des traces dans le corps. Le corps physique obéit à des réglementations qui sont régies par Saturne et qui ont besoin de temps pour intégrer ce qui est nouveau. L'infirmière, la thérapeute et la femme qui a de l'expérience avec le jeûne va encore vivre quelques expériences. Pas aussi aiguës que pendant le processus mais le décrassage continue. En effet j'ai des problèmes avec le système digestif. Rien de nouveau mais d'une façon très compacte et comme je ne l'ai pas vécu depuis des années, parce que je mangeais sain et j'évitais tout ce qui m'était indigeste.

La perte de poids continue après le processus. Les symptômes sont effrayants quand le système commence à attaquer la graisse qui entoure les organes. C'est douloureux et dangereux. J'ai mauvaise mine et les joues s'affaissent. La masse me manque et j'ai du mal à rester dans le corps. J'ai l'impression que le métabolisme des graisses est hyperactif. Donc ces jours-là je prends du miel, celui qui est cristallisé donc pur et naturel. Si nécessaire aussi de la crème liquide que je supporte très bien, car le corps ne l'enregistre pas en tant que protéines animales mais en tant que graisse. J'en avais déjà fait l'expérience dans le passé. Mon corps ne supporte pas les huiles, même les plus fines comme l'huile de lin ou l'huile d'olive que l'on pense devoir me recommander. Bien sûr, je connais les diètes merveilleuses et anticancéreuses de la Doctoresse Budwig et les recommandations véganes. Mais mon point de repère est mon corps et ses réactions variées ainsi que le langage de ses cellules et de ses organes, indépendamment de tous ces bons conseils. Ensuite mon poids se stabilise pendant plusieurs semaines. Je me sens bien dans ce corps léger comme je le connaissais pendant des décennies avant la ménopause. C'était aussi la stature de ma mère et c'est celle de ma plus jeune sœur. C'est la silhouette qui est dans nos gènes. Mon système s'est débarrassé du surpoids, ce qui est un avantage pour les articulations, la peau, la circulation etc.

Pendant le PNP, je me suis rarement pesée ou alors seulement à des moments précis. Je me distancie de ce « tout mesurer, tout peser », de cette compulsion de vouloir diviser et contrôler la vie en petites parcelles prémâchées, au lieu d'inspirer et d'expirer ce qui vit à grandes bouffées de joie et de confiance. Comme je reçois des signes clairs et nets de mon corps je n'ai pas besoin de me peser. Mon pantalon le plus étroit m'indique aussi les fluctuations et les limites. J'ai d'ailleurs remarqué que la prise et la perte de poids sont très variables dans l'état pranique car elles sont dépendantes en grande partie du métabolisme des fluides dans le corps. Il n'est pas rare que je perde 1kg en une nuit sans avoir particulièrement transpiré. Dans ce contexte, j'ai réfléchi à l'accompagnement médical qu'a suivit Dr Michael Werner en Suisse à Arlesheim. Là sous surveillance vidéo 24 h sur 24, on a observé qu'il perdait du poids bien qu'il vive sur le mode pranique depuis des années. Je me demande : comment peut-on imposer un quelconque modèle fixe à un organisme, alors que ce dernier fonctionne autrement et est soumis à d'autres règles ? Cette pensée étriquée a conquis le monde et se croit avancée, supérieure et éclairée. Le résultat en est absurde et même autodestructif.

La fixation sur l'alimentation parait inséparable de la fixation sur le poids. Les deux côtés de la même médaille, je suppose. Je suis arrivée à la conclusion que ma perte de poids est davantage un problème pour mon entourage que pour moi. La masse corporelle se stabilise avec le temps. De temps à autre je prends un peu miel quand je constate que j'ai perdu du poids et que je ne me sens pas bien. Mon corps est bien musclé. Mais je ne suis plus aussi hyperactive. J'ai peu de temps pour les grandes randonnées en montagne. L'influence de Mars est terminée.

J'ai intégré le mode pranique dans ma vie quotidienne. Tout cela est devenu normal pour moi. J'en parle seulement quand c'est nécessaire. J'accompagne volontiers mes amis et mes connaissances au restaurant où je sirote un capuccino pendant une heure. C'est alors que j'apprécie le café comme quelque chose de très spécial. Mon corps réagit de manière très variée à ces exceptions. Quelquefois j'ai la diarrhée 2 heures après la boisson, d'autres fois j'ai un merveilleux ressenti dans le ventre et j'apprécie l'effet stimulant du café qui ne m'empêche aucunement de dormir. Mes réactions semblent être reliées avec les additifs présents. Mais quelquefois je trouve un café non biologique digestible et agréable.

Vous devez penser que je dispose d'énormément de temps parce que je ne fais plus de commissions, de cuisine, de vaisselle etc. Oui, c'est juste mais seulement en partie car je suis très propre et très ordonnée. J'ai aussi besoin de discipline parce que j'ai des occupations diverses et notamment parce que j'ai un petit appartement. Je prends le temps de soigner mon corps, de faire mes exercices physiques et mes méditations. Je travaille beaucoup et j'aide de nombreuses personnes sans rémunération. La chance et le bonheur exigent d'être partagés et répandus dans le monde. Mais ne soyez pas envieux : pour moi aussi, le temps passe vite et je dois aussi courir pour attraper le métro ! Tout le temps dont je disposais au cours du PNP n'est plus aussi abondant. Le moment est venu de rallonger le temps de nouveau et de l'adapter à mes nouveaux paradigmes. Le temps est élastique. Il s'agit de se le réapproprier. Il s'agit de passer le temps comme on l'entend véritablement avec les personnes et les activités qui ont un sens pour soi. Tout le reste est une perte de temps. Donc d'énergie. C'est un thème encore plus vital que l'on ne pense.

Avec l'automne le sommeil reste pranique dans sa qualité mais redevient plus long. Quelle est cette qualité ? Je m'endors et je me réveille avec facilité et légèreté comme dans la petite enfance. En me réveillant, je sens très distinctement comment je pénètre dans mon corps physique et j'ai tout de suite envie de me lever et d'entreprendre quelque chose. Je suis immédiatement claire dans mes pensées et je suis capable de m'orienter tout de suite et de savoir où je suis et ce que j'ai à faire ce jour là. Ceci n'est pas évident car je voyage souvent et je dors à différents endroits. Le sommeil est profond et très régénérateur. Quelquefois je ramène une atmosphère, une solution ou une inspiration de l'au-delà. Toutefois rarement le souvenir d'un rêve.

c) LE CORPS PRANIQUE

On peut clairement observer les changements du corps pranique au niveau des excréments. Leur quantité est moindre et plus fluide en comparaison des régimes normaux. La transpiration et les odeurs corporelles n'en sont que plus discrètes. Ce que j'apprécie particulièrement car mon sens de l'odorat est plus développé et plus fin. Suite à la phase de détoxification et de drainage l'urine est claire, presque transparente et elle se prêterait parfaitement à l'amaroli.

L'amaroli connaît une longue tradition thérapeutique en Indes. Il s'agit là d'ingérer l'urine en dose homéopathique ou bien fraîche telle quelle est produite par le corps. Il y a de nombreuses variantes de cette excellente thérapie qui peut être bien sûr utilisée prophylactiquement. Je recommande l´excellent livre de Michel Dogna « Homéopathie courante ». Donc l´urine durant le mode pranique se prêterait de façon excellente à l´améroli car le débutant a moins d´inhibition quand elle a à peine d´odeur et qu´elle possède même un goût légèrement fruité et agréable.

Le corps physique dénué d´odeur ne laisse aucune trace de sueur habituelle dans les chaussures, les vêtements, les draps et autres textiles. Malgré cela, je suis devenue très propre, encore davantage qu´avant. Je porte également beaucoup d´attention à mon apparence physique.

J´ai de la force et mon corps est bien musclé. Je suis en meilleure santé qu´auparavant. Je ne souffre pas d´envies. J´ai plaisir à sentir certains mets et à regarder une assiette appétissante, sans éprouver le besoin d´en consommer le contenu. C´est comme le souvenir de belles sensations. Je suis capable de les remémorer très précisément et avec tous les détails. Et je peux également les laisser où elles résident maintenant : dans mes mémoires, dans mon pouvoir imaginatif.

Dans la bouche j´ai toujours des ressentis de goûts variés, mais surtout le sucré et le salé qui s´échangent et se combinent de façon délicieuse quelquefois. Connaissez-vous le caramel salé de Bretagne ? Voilà, c´est ce genre de sensation (mais sans les calories). Oh, excusez-moi ! Je vous ai fait envie maintenant ? Mais quand je ne me sens pas bien et que je perds du poids, j'ai un goût plutôt amer dans la bouche. Des tas de processus chimiques continuent à avoir lieu dans le corps. Et le sens du goût les exprime également. Je ne suis pas seulement faite de lumière mais j'ai tout autant un corps normal.

d) LES RYTHMES ET MON INDIVIDUALITÉ

Pendant les trois semaines de changement durant lesquels l'ancrage du prana a lieu, je réfléchis profondément à mes réactions. J'avais entre autre l'idée d'un processus qui se développe de manière linéaire. Cette attitude venait de mes lectures et de l'influence de personnes qui m'ont conseillée. Un rapport donne un sommaire et un résumé du vécu et des expériences variées. Toutefois quand je « suis dedans » à chaque seconde, la perspective est plus émotionnelle et paraît plus chaotique. Je vis entre autres des phases où je fais à plusieurs niveaux des expériences portées par des courants et des voix qui semblent se contredire car ils sont reliés à et engendrés par différentes facettes de l'être. Ces dernières sont confrontées par des images intérieures qui risquent quelquefois de me submerger. Je suis à la fois enthousiasmée par le contenu de la dernière méditation et aussi déprimée par ma perte de poids et le fait que ne puisse pas partager le sujet de la nourriture par la lumière avec des amis qui me sont chers.

Puis le soleil brille, je ressens la chaleur bienfaisante dans toutes mes cellules et je me trouve immédiatement après dans un état extatique. Tout ce que je vis est hautement concentré. La journée est un vrai bonheur. Comme si toute ma vie se réjouissait de cet enjeu pranique. Mais le 21ème jour, j´ai la déprime. Même pas : « super j´ai réussi ! ».

Bien sûr, je sais que je ne suis pas vegan, pas végétarienne et que je ne veux pas manger de viande non plus. Mais pranique ? Je ne sais pas non plus à cet instant particulier. La méditation rétablit l´équilibre.

Je raconte cela pour donner une idée qu´il y a des hauts et des bas pendant le processus tout autant qu´après. La décision était claire pour moi dès le début, mais mon bien-être est mon guide fidèle : si je ne me sens pas bien avec le prana, j´arrête.

Aujourd´hui j´ai eu un échange intéressant qui me donne une autre perspective : le processus suit une évolution organique qui se développe en vague. Une croissance que l´on manquerait d´honorer pour ce qu´elle est, si on insiste de la percevoir comme statique et que l´on résiste à ses rythmes. La purification continue de toute façon. Il s´agit d´une profonde transformation sur différents plans qui ne sont pas toujours synchrones. Cela veut dire que certaines couches subtiles absorbent et intègre le prana plus aisément que d´autres. Et ceci bien que le processus ait d´abord lieu dans le corps pranique ou éthérique. En outre il y a les cycles temporels des hauts et des bas : tout va bien pendant un certain temps puis tout d´un coup, eh bien comme dans mon cas, je dois enregistrer les avertissements du corps à ce moment présent et m'y adapter et surtout l'intégrer dans le quotidien.

Il y a certainement d'autres personnes praniques qui vivent et reconnaissent ces phases évolutives du développement. Il y en a peu qui réussissent à renoncer du jour au lendemain à la nourriture et au liquide et surtout à persévérer ainsi. En Occident. Et à mener une vie active avec ses challenges de tous les jours.

Même les personnes auxquelles quelques gorgées d'eau par semaines suffisent et ceci depuis plusieurs années, même chez ces personnes la réduction est le résultat d'un effet graduel qui a donc pris un certain temps. Au début ils ont eu besoin aussi de plus de liquide et de sommeil. C'est le résultat d'une évolution. L'évolution linéaire que le cerveau gauche souhaite est plutôt contraire au prana qui est intrinsèquement lié avec la vie et la force vitale. Cette perspective m'aide à comprendre et à accepter le PNP et la phase suivante, ainsi qu'à m'adapter au flux et aux méandres, au lieu de vouloir forcer quelque chose ou de lutter contre l'état actuel des choses.

Il est intéressant d'observer ma communication télépathique avec mon corps et mes cellules. Le fait est qu'elles sont télépathique 24 heures sur 24 et pas seulement quand je leur fait un discours raisonnable : Chères cellules, nous voulons être praniques à 100% jusqu'à la fin de cette incarnation. Voilà, c'est mon intention. Mais peut-être que mon corps veut autre chose ; il écoute aussi d'autres messages, ceux qui viennent de mon inconscient mais aussi de l'inconscient collectif.

Parlons du schéma « peur de perdre du poids ». À l'origine j'ai pensé le traiter grâce à l'hypnose. Un petit tour pour le cerveau gauche : ce programme te dérange, donc éliminons le programme. L'être humain est une machine, un ordinateur. Quelque chose dérange ? Donc ce quelque chose va être changé pour qu'il convienne à l'acceptation générale ou à l'idée que l'on se fait des choses.

Ma perception personnelle est plutôt naturelle, organique et vivante. Ma perspective de la vie est féminine, mystique et fluide : elle suit les détours de la transformation avec souplesse et flexibilité. À présent une phase de ralentissement de l'état pranique s'installe, due aux besoins de mon corps matériel. Je tente de réduire ce freinage au minimum et aussi délicatement que possible, en négociant avec lui. En tous cas, je continue avec les liquides.

Les rythmes, les cycles et les variations s'effectuent dans la vie avec des phases de changement : oui, la vie pranique est comme la vie « normale », mais reliée à une certitude intérieure plus vaste, avec une distance et une sorte de protection amortissante envers ces changements mentionnés. Oui, en effet je suis rassasiée et ce sentiment de satiété s'exprime par la confiance de savoir ce qui est juste en ce moment présent.

En rapport avec la rythmique, j'aimerais approfondir le concept de « processus ». Ce mot fait appel à un développement, un déroulement chronologique avec des étapes qui se succèdent les unes après les autres ou s'imbriquent les unes dans les autres ou se meuvent de quelque autre manière de haut en bas ou même en reculant. En tous cas, quelque chose se passe. Il y a là une évolution, un mouvement. Ce qui est l'opposé d'un état fixe et statique.

Le but n'est pas atteint. Peut-être que le but ne sera même jamais atteint, car le cheminement est le but comme disent les taoistes. Et le chemin est là, pour être emprunté, suivi et vécu avec toutes les cellules, les sens, les émotions, les réflexions et les conclusions qu'il puisse évoquer en nous. C'est le contraire de la touche que l'on effleure du doigt : et voilà, on y est déjà et on a déjà la soi-disant réponse. Dans le processus il n'y a pas de réponse générale valide pour tout le monde mais plutôt une succession d'expériences et de vécus qui sont en résonance avec l'être ou non.

Je suis encore pranique aujourd'hui parce que je ressens et je vis un alignement croissant avec mon être intérieur. Le jour où la nourriture de lumière n'est plus en accord avec moi, je peux me nourrir d'autre chose. C'est aussi simple et je suis aussi libre que cela. L'état pranique exige un certain éveil, une flexibilité, une clarté et un sens de responsabilité ainsi que l'introspection, la capacité de donner des réponses à ses propres questions.

Et c'est ainsi que j'ai de nouveau fait face à une de mes singularités. Alors que tout se passe bien chez la plupart des gens, il m'arrive de vivre des expériences inattendues, des complications rares ou des variations et des digressions. J'ai une tendance qui semble me prédestiner à ce genre de réactions même si je suis les instructions à la lettre - ou peut-être justement à cause de cela. Peut-être un peu trop exactement. En tous cas, j'arrive toujours à faire des expériences très détaillées à travers des exceptions ou des situations exceptionnelles. Cette affinité pour les exceptions et les cas spéciaux fournit certains avantages : je rassemble un grand nombre de perceptions, d'intuitions et d'informations sur la face cachée des choses, d'un évènement ou bien d'un processus comme celui-ci. Ainsi je suis capable de remettre les choses en question avec assiduité d'un côté et de l'autre je gagne une compréhension profonde du processus qui ne livrerait pas tous ses secrets si tout se passait bien. Pour moi en tant que maître de conférence, c'est un énorme trésor de savoir et d'expériences directes, aussi en ce qui concerne les erreurs à ne pas faire et les alternatives. De tels vécus me permettent de découvrir et de faire des recherches en ce qui concerne les rapports et les liens surtout ceux rarement cités ou ceux qui devraient à tous prix être évités. Et tout ceci de première main. Un tel savoir est un énorme enrichissement pour mes cours. L'avantage est que je sais vraiment ce dont je parle, pas seulement en théorie mais aussi par mon vécu.

Et c'est ainsi que j'ai atteins la conclusion que chaque PNP est une métamorphose individuelle. La nourriture pranique n'est pas la même pour tout un chacun. Chaque personne pranique apporte et contribue au processus grâce à ses particularités individuelles. Pour moi il est important de définir comment je fais l'expérience de la nourriture pranique, ce qu'elle signifie pour moi et comment je tiens à la vivre. Cette définition et les expériences qu'elle décrit sont de nature subjective et seulement valides pour moi. Il s'agit de ma conversion personnelle au prana. Et je suis donc pranique à ma façon, à mon rythme individuel et avec toutes les singularités qui sont les miennes.

4) MON ETAT D'ESPRIT ET MON ETAT D'ÂME

Mes ressentis émotionnels et mon mental sont positifs, optimistes et pleins de confiance, sauf le dernier jour du PNP où je n'arrive pas vraiment à me réjouir.

J'ai également mentionné que j'ai vécu des fluctuations émotionnelles. Pour être plus précise, il s'agit de couches différentes de sentiments que je vis simultanément. Quelquefois ces contraires génèrent un dédoublement. Suis-je heureuse ? Je me pose quelquefois la question au long du processus. Oui, me répond un profond ressenti qui me fait monter les larmes aux yeux. Mais le moment suivant, je suis horrifiée parce que le messager de DHL m'a arraché de mon extase. Bien sûr je ne le montre pas, alors que j'ouvre la porte en le remerciant du paquet.

Pour moi, en tant que Sagittaire, l'enthousiasme n'est rien de nouveau. Mais il est encore intensifié par l'état pranique. La beauté et l´harmonie ou tout simplement des cheveux bien coupés ou une relation interpersonnelle équilibrée me remplissent de bonheur. La justesse du « bon moment » me surprend souvent et me comble toujours. Ce ressenti persiste aussi avec le temps, même quand j´y réagis moins émotionnellement. Mes oscillations se stabilisent graduellement et je gagne plus de distance par rapport à mon corps émotionnel.

Durant le processus je me sens plus poreuse et les peurs et les projections extérieures me sont particulièrement désagréables. J´ai besoin de redéfinir mes limites. Les dortoirs communs ne me conviennent plus. Je dois avoir la possibilité de me lever tôt ou de me retirer très tard. Également durant le sommeil je perçois les réactions des autres personnes.

Les perceptions des sens et de l´esprit ne sont pas seulement devenues plus intenses, plus perspicaces, mais également plus résistantes. Il ne s´agit pas cependant d´une hypersensibilité dans le sens d´une capacité à absorber (l´effet éponge), d´une émotivité accrue ou d´une vulnérabilité excessive, comme dans le cas où les couches auriques ne communiquent pas harmonieusement entre elles. Dans ce cas précis il y a un décalage entre la pensée et le ressenti. Les corps éthérique, astral et mental ne sont pas à l´unisson. C´est à différencier de l´état pranique.

Durant la conversion à la nourriture lumineuse, je suis devenue plus spontanée, plus claire mais pas nécessairement plus diplomatique. Je vois venir certains évènements en avance. Bien des choses me sont claires avant qu'elles aient lieu et se manifestent dans la réalité. Je ne supporte pas trop de proximité et pas longtemps dans la durée non plus. J'ai besoin davantage d'espace car mon aura est plus élargie. Il me semble posséder une meilleure vue d'ensemble sur les processus intérieurs et les déroulements extérieurs aussi bien les miens que ceux d'autres personnes. Je suis moins « dedans » mais en même temps la compréhension au travers de la compassion m'est plus accessible.

Ce qui est singulier, c'est cet amour de l'ordre, que je ne connaissais pas aussi intensément auparavant. Toutefois, je dois avouer qu'il m'est arrivé de ne pas porter un vêtement parce que je n'avais toujours pas cousu le bouton ou exécuté quelque petit travail de couture. Maintenant il n'existe plus de petites choses non réglées. Et ce qui est aussi réjouissant, c'est que tout me réussit : les cheveux se laissent coiffer comme je le souhaite, les fleurs sont faciles à arranger dans le vase, je fais de la couture sans perdre l'aiguille ou sans avoir à démêler le fil avant même de commencer.

Le mode de vie pranique m'a ouvert un nouvel accès au monde matériel. Etonnant, n'est ce pas ? La plupart des choses sont en ordre et dans l'ordre, dans ma vie. Je reconnais la justesse des choses telles qu'elles sont et mon ego les accepte ainsi. Il en résulte une paix intérieure. Le concept anglais « with ease », en français « simple, aisément, sans effort » me vient à l'esprit. Aller dans le sens du flux. Et

« ease » est le contraire de « dis-ease » ce qui veut dire maladie.

Dès que le prana est installé je reçois le message que le pranisme me sert de tremplin et qu'en lui seul il n'est pas un but. Cela signifie que j'ai réussi un examen mais que le prochain est déjà là sans que je sache de quoi il retourne. Un pas après l'autre. Et je vais découvrir où le chemin me mène, comme dans la vraie vie.

5) MA TRANSFORMATION SPIRITUELLE

a) CONSCIENCE ET NOURRITURE

Le choix de me nourrir de lumière est une des décisions des plus importantes de cette incarnation. J'ai investi suffisamment de temps et de réflexion dans ce projet de reconversion, sans compter les deux années consacrées au changement de nourriture. Il était clair et limpide pour moi qu'une telle décision ne peut être issue que de mon Instance Supérieure, de ma souveraineté entière. Et non pas de mon égo en tant que curiosité passagère, pas plus que sous l'influence de l'entourage.

J'encourage chacune, chacun à considérer cette motivation pure plus sérieusement. Jamais je n'essayerai de convaincre ou d'encourager quelqu'un à faire le PNP. L'impulsion vient de l'intérieur d'un telle façon que l'on sait exactement que c'est en effet la bonne option. Tout ce qui a à voir avec curiosité, tentative ou tentation ou bien aventure devrait être reconnu pour ce que c'est : un petit jeu, une excitation pour des habitants du monde occidental qui s'ennuient. Ok, c'est une possibilité. Mais soyez, s'il vous plaît, honnête (avec vous-même, qui d'autre ?) et débutez d'abord avec des jeûnes courts et accompagnés par des spécialistes de la santé.

Le dicton : « Tu es ce que tu manges » a un sens profond et sert de miroir pour l'estime de soi et le niveau de conscience de la personne. Ce avec quoi nous nourrissons nos cellules influence en conséquence la pensée, le ressenti, le vécu, le comportement etc.

Je ne juge aucune manière de se nourrir, aucun régime et / ou aucune habitude alimentaire. Réfléchissez, s'il vous plait, à ce qui vous convient en ce moment. Qui est cet être que vous mangez et comment a-t-il été tué ? Quels poisons, quelles toxines sont présents dans ce que ce que vous consommez ? Les processus chimiques, naturels qui ont lieu dans le corps lors du métabolisme exercent une influence déterminante sur les pensées ainsi que sur le comportement. L'expérience de la nourriture pranique est d'une profondeur qui inonde et inclus toute la vie et conduit à une plus grande responsabilité pour soi-même et une attitude en conséquence. Je suis unanime avec moi-même : la purification qui a lieu autant à l'intérieur qu'à l'extérieur éclaircit tout et rend tout plus authentique. Donc, ce qui n'est pas clair et véritable va nous sauter aux yeux afin que l'on s'en occupe.

Les mois derniers j'ai développé de nouvelles façon de travailler et fais beaucoup de découvertes en ce qui concerne le soutien spirituel, énergétique et subtil. D'une certaine façon je suis devenue plus intelligente et empathique mais complètement allergique à la bêtise et aux sensibleries. Il est temps que l'humanité devienne adulte.

b) LA CONNECTION SPIRITUELLE

Elle constitue une priorité fondamentale. Ceci n'a rien à voir avec les églises ou les institutions religieuses. Il s'agit plutôt de la connexion naturelle au Grand Tout, à Tout Ce Qui Est, et à la conscience de l'éternité et de l'infini, dans lequel chaque cellule baigne. Cette relation est accessible à tous, toujours et partout. Et elle ne coûte rien. Elle m'enrobe, me guide, me guérit, me nourrit et me protège. Elle s'exprime au travers de la destinée, de la providence et de l'intuition, au travers d'un dialogue intérieur riche en images et ressentis, au travers de la sollicitation et du recevoir de tout ce qui est à ma disposition.

Pendant le PNP et depuis, ce lien est devenu plus fort, plus précis et plus intensif. Cela provoque un flux vital débordant de confiance et d'une intuition souple et flexible. Le dévouement accompagne et suit les méandres de la transformation et de la transmutation car les changements ont lieu au niveau mental ainsi que dans la forme.

Parallèlement il y a l'exigence de prendre l'entière responsabilité pour moi-même en tant que corps, âme et esprit : la responsabilité de mes actions, de mes négligences ainsi que la capacité de prendre des décisions spontanées - et si nécessaire de reconnaître que je ne veux plus vivre de façon pranique.

La connexion spirituelle est l'équivalent de « suffisant, avoir assez, équitable ». Il en résulte une sobriété équilibrée qui sait qu'elle obtient tout ce dont elle a besoin. Ni plus, ni moins. Et l'inspiration, la guidance, les synchronicités se manifestent et apparaissent inattendues, en accord avec le bien suprême, quand on a justement formulé la demande. La connexion spirituelle, la Lumière est l'opposé de la peur du manque, de la voracité, de la cupidité, du matérialisme aveugle.

En voici un exemple concret : J'ai mentionné que j'étais accompagnée d'une constellation astrologique très favorable. Je n'en n'avais aucune idée alors que j'ai décidé de la période entre le 11.04 et le 01.05. 2017 pour faire le PNP. J'avais d'autres critères en tête, entre autres, les dates de mes séminaires. Je trouvais l'énergie pascale intéressante. Je sais d'expérience que j'ai le don de choisir des moments favorables spontanément. Mais une phase aussi exceptionnellement bénéfique, une phase qui apparaît tous les douze ans, ce choix ne peut venir que d'une guidance supérieure. Et véritablement Mars m'a fournit beaucoup de forces, de persévérance et de résistance.

C'est tout à fait en conscience que j'ai décidé de faire l'expérience du PNP seule car je voulais recevoir les instructions exclusivement de ma guidance, de mon moi supérieur. Et pour cela j´ai besoin de paix et de retrait, sans distraction.

Peut-être encore un mot sur la discipline. Quelquefois, j´ai entendu dire : « Oui, je pourrais devenir pranique aussi, j´ai beaucoup de discipline » ou bien le contraire « oh, je n´aurais jamais la discipline ». Je me suis demandé de combien de discipline je fais preuve. Ai-je plutôt de l´endurance ? Bien sûr, la volonté, la concentration et l´intention sont nécessaires pour un tel projet. Mais là, la discipline est déplacée. C´est plutôt le dévouement à un but supérieur qui me motive. La nourriture pranique n´est en aucun cas tourmente ou mortification. Cela ne correspond pas avec l´accord intérieur librement autodéterminé.

c) MEDITATION

J´ai obtenu la méditation originelle d´une personne qui est pranique depuis plusieurs années. Toutefois je l´ai modifiée peu à peu puis finalement changée d´après mes connaissances et ma guidance. Elle est pour moi fort importante, elle est mon nectar, ma station de recharge, ma connexion à la source. Je la pratique régulièrement. Ici j´aimerais souligner une chose : nous sommes constamment et toujours des êtres spirituels, pas seulement quand nous méditons. Cette scission entre spirituel et matériel - en orient comme en occident - conduit à une distorsion de la vérité, à des manipulations et à des jeux de pouvoirs.

En réalité, le corps physique, les cellules, n´existeraient pas s´il n´y avait pas de plans subtils, de lumière où les informations : « corps » d´un tel, « cellules du foie » d´un tel, seraient déjà encodées. Que l´on s´intéresse à ce sujet ou que l´on ne s´y intéresse pas dépend de la phase de développement de la personnalité. Libre à nous de nous en préoccuper ou pas. Chaque être vivant fait partie de cette force qui imprègne tout ce qui existe. C´est ce savoir et cette conscience qui me conduisent à garder mon focus sur cette force dans ma vie quotidienne. Cette détermination lumineuse, pleine de beauté et de joie dit oui à la vie et au vivant.

Les capacités de perception des sens physiques et des sens éthériques (clairvoyance, clair audience et savoir intuitif spontané) se sont affinés parallèlement au processus pranique. J´ai noté une citation pour vous d´un petit livre que je recommande chaleureusement : « Vitamines, Minéraux et Oligo-éléments. Des Conseils Critiques". (« Vitamine, Mineralstoffe, Spurelement. Gesund und fit mit Vitalstoffen. Ein kritischer Ratgeber ») de Heinz Knieriemen. Ce dernier ne fournit pas seulement de nombreuses informations faciles à comprendre, des conseils et des explications. Il a en outre un savoir approfondi de la véritable interaction entre les produits nutritifs. Je cite : « Nous pouvons prôner le plaisir sensuel et paisible contre la folie de la fast life (la vie rapide) et de la fast food (la bouffe rapide)». Alors continuons à réveiller en nous le potentiel de la sensualité et du plaisir qui y est associé et refusons notre adhérence et notre participation à tout ce qui met le plaisir en danger. On trouve aussi ce potentiel dans l'attitude de gratitude et d'enthousiasme pour tout ce qui est création et processus naturel. Le miracle de l'être dans sa complétude, c'est la méditation. »

6) SOUTIEN ET ACCOMPAGNEMENT

a) CHAMPS MORPHOGENETIQUES

Le concept de champs a fait son apparition pendant les années 30 du 20ème siècle dans le domaine de la physique. Ainsi, par exemple, le Dr Saxon Burr a découvert, par hasard, ce qu'il nomme « Life Fields », les champs vitaux. Il a été suivi par de nombreux chercheurs qui ont également utilisé cette appellation de champs. Ruppert Sheldrake décrit des modèles générant des formes qui représentent, dans leurs aspects subtils, des intentions qui déterminent les structures de la réalité. Ce qui nous entoure est une construction qui se développe à travers le temps et l'espace (par la répétition ou la constance) et est générée ou crée originellement par une forme mentale ou un concept se matérialisant en un événement ou un fait concret que nous nommons réalité.

En ce qui concerne notre sujet, le champ morphogénétique de la nourriture pranique n'est pas encore ancré dans la troisième dimension, à savoir : il ne fait pas partie de la vie de tous les jours de la plupart des gens.

Quel pourrait être le déclencheur ou le facteur qui permettrait à cette nourriture subtile de faire son chemin jusqu'aux cerveaux des humains ? Justement, le fait de répandre le savoir qu'une telle chose est possible contribue à établir sa valeur de réalité sur le plan de la manifestation. Et là on en arrive au 100 ème singe qui lave sa pomme de terre ou épluche sa banane avant de la manger.

Et c'est ainsi que les nouvelles habitudes, les nouveaux concepts et les objets ont besoin de temps pour être acceptés. Malheureusement la majorité de la population s'adonne à outrance à l'utilisation des instruments électroniques. Ceux-ci la détournent de ses véritables capacités humaines intrinsèques, lui dérobant ainsi son potentiel à son insu.

Autrement dit : chaque personne qui s'intéresse à l'alimentation par la lumière (ou quelque sujet nouveau - ou oublié), va s'en occuper intellectuellement, émotionnellement et pratiquement. Ainsi grâce à ses expériences, elle contribue à l'ancrage progressif de ce phénomène dans le monde concret. Parallèlement « une bulle de réalité » prend forme, mettant à disposition un plan formatif à l'image d'un réservoir d'informations, au bénéfice et à disposition de chaque personne qui développerait par la suite un intérêt dans ce domaine.

C'est ainsi que les avancements, les connaissances et les expériences vécues en relation avec ce sujet font partie du champ morphogénétique pranique. Ils y sont stockés s'ajoutant à ceux auxquels d'autres personnes praniques ont contribué à toutes les époques. Cette accumulation de données constitue un réservoir de forces énergétiques et mentales auxquelles on peut se connecter pragmatiquement, soit par télépathie soit par résonance. C'est ce que je fais pratiquement chaque jour très consciemment. C'est en même temps ma contribution mais aussi un avantage dont je profite quand je me rends réceptive à la sagesse des autres personnes praniques.

Du reste, tout ce que nous vivons fonctionne d'après ce modèle : comme une contribution directe à la collecte globale du savoir et de l'expérience humaine. Enfin et surtout, cela sert également à donner forme au progrès et à influencer la tournure des évènements dans le futur de l'humanité. Vue de cette perspective, personne ne peut sous-estimer ni ses action ou ses non-actions, ni sa responsabilité envers le Tout. Nous sommes comparables aux cellules d'un grand organisme et nous contribuons soit à l'état sain, soit à la pathologie de cet Etre vivant ultime dans le sens ou il rassemble et réunit tout ce qui est au monde. En outre il existe une interaction constante entre Lui et chacun de nous.

b) LA GUIDANCE SUR DIFFERENTS PLANS

J'ai deux animaux Totems, aussi appelés animaux de pouvoir : le loup et l'araignée. Ils m'instruisent sur mes réactions instinctives et sur le déroulement du processus. Ils peuvent aussi bien se montrer agressifs que m'offrir leur support. Ce qu'ils ne font dans aucun cas, c'est de ménager l'homme et ses jeux d'ego. Ils appartiennent au royaume animal et je ressens clairement leur appartenance autre que celle au royaume humain. Leur guidance est indispensable car ils deviennent d'importants assistants s'ils sont d'accord avec le PNP. Il est possible de développer une relation très intime avec eux.

Le champ morphogénétique pranique est présent partout au monde. Cette entité énergétique contient le savoir et les expériences de toutes les personnes praniques qui ont vécu. En particulier, on y trouve facilement un accès aux tendances actuelles qui se développent par rapport aux nouveaux paradigmes. Dans ce champ de connaissance il y a également les informations des traditions et des personnes orientales et occidentales qui ont ou avaient un lien direct ou indirect avec l'alimentation par la lumière, par exemple Theresia Neumann.

On trouve également dans ce nuage d'informations et d'inspiration, les réflexions et le vécu du pranisme du point de vue scientifique (Dr Michael Werner). Il y a également les recherches de milliers de personnes que le prana concerne de près ou de loin, même s'ils n'ont pas persévéré sur le mode pranique très longtemps. Je pense par exemple à toutes les personnes qui ont fait les 21 jours et qui sont ensuite retournées à la nourriture solide. Leurs expériences sont des ouvertures précieuses pour ceux qui s'y consacreront à une date ultérieure.

Ensuite, je prends en compte le corps physique, matériel et solide, parmi les entités qui nous fournissent leurs retours sans équivoque, riches en conséquences et conclusions. Je lui confère d'ailleurs une position majeure dans le rôle de guidance.

Les guides spirituels respectent notre libre arbitre, mais ils répondent aux prières et aux invocations. Ils se manifestent par l'intermédiaires de la clairvoyance et de la clair audience quand elles sont suffisamment développées. Quelquefois, il y a des constellations d'évènements, qui servent de signes pour montrer le chemin ou encore pour inhiber un certain dessein qui pourrait s'avérer être insensé ou même néfaste. Les synchronicités en font partie avec leurs indications comme par exemples les hasards, les rêves et les flashs de l'esprits. Puis mentionnons également l'intuition et l'instinct, le savoir qui vient des tripes et autres ressentis. Finalement, il y a toute une collection de réactions spontanées que nous ne conscientisons même pas avec notre intellect, qui cependant nous guide, nous protège et peut même nous sauver la vie.

Nous sommes portés par l'intention toute puissante et aimante de la vie, qui nous entoure et qui veut s'exprimer en nous et par nous. Cette compréhension facilite l'accès et le vécu de la force spirituelle et de l'Esprit au niveau de la manifestation.

c) SYNCHRONICITÉS HARMONIEUSES

Elles remplissent le cours de la vie avec des concordances, elles sont la source d'une profonde satisfaction. Elles peuvent s'exprimer par le fait de se trouver avec les bonnes personnes, au bon endroit et au bon moment. Les évènements se développent harmonieusement et j'ai souvent l'impression que chaque mouvement est juste et en accord avec la guidance, jusque dans les petites choses quotidiennes. Voici un simple exemple : comme j'ai perdu du poids, mes slips sont devenus trop grands et inconfortables. Soudain, j'ai l'idée de me rendre dans une boutique de produits démarqués que je n'aime pas particulièrement et dans laquelle je n'avais jusqu'alors rien trouvé de valable. Et en effet, cette fois-ci, je tombe sur ce qu'il me faut : des petites culottes d'un bon fabriquant suisse, qui me vont parfaitement et qui sont très agréables à porter et en plus à un prix imbattable.

Est-ce que cela signifie que la Lumière, mon Moi Supérieur, ma Guidance s'intéressent au bien-être de mes fesses ? Je tire la conclusion que c'est le cas car tout est relié. Les plans sont étroitement enchevêtrés les uns aux les autres. Ce qui est équilibré en haut devrait l'être également en bas et vice versa.

Le matériel, les « détails » comme je les ai souvent nommés avec mépris, m'ont suffisamment coûtés en frustrations dans cette vie. Durant la dernière décennie, plusieurs choses se sont améliorées, certes, dans mon attitude et ma rencontre avec ce que l'on appelle la réalité, avec le terrestre, c'est à dire une toute petite partie de l'existence. Je suis ancrée, j'ai atterri, après 40 ou 50 ans de vie sur cette planète. Certaines personnes ont besoin de plus de temps. Le souvenir d'autres dimensions ne s'effacent pas aussi rapidement chez tout le monde.

Non seulement, dans mon état pranique, j'ai développé une meilleure relation au monde matériel, mais grâce à ma guidance, ma conscience l'inclus avec vénération dans le Divin. J'en prends soin et je l'entretiens. Je pensais être propre et ordonnée mais maintenant il s'agit de circonspection envers le plan de la manifestation. Le désordre me fait mal et je ne peux pas le supporter très longtemps. C'est un sentiment qui envahit tout mon être et non seulement parce qu'il est désagréable de baigner dans une atmosphère chaotique mais parce que j'aspire à l'harmonie et à l'ordre dont j'ai gardé le souvenir jusque dans les cellules.

Depuis peu, je prends plaisir aux détails. « Tout et chaque chose a sa place », et c'est l'application de ce principe dans ma vie quotidienne. Cela fait aussi partie de l'hédonisme que je ressens plus intensément. La beauté a une signification primordiale pour moi, une signification d'ordre, de justesse, par lesquels tout, toutes et tous, ont leur place en tant que particule dans le grand puzzle, en tant que partie minime de la disposition décrétée par l'ordre divin. Et que le slip soit séant en fait tout autant partie !

Le changement de nourriture me fait évoluer. J'émets une autre fréquence. Je remarque que plusieurs choses ne me conviennent plus. L'ancien est remplacé par de nouvelles habitudes, un nouvel entourage et de nouveaux produits.

Je cherche un autre shampooing que celui que j'ai utilisé pendant des années et voilà que quelqu'un m'en offre un nouveau. J´ai besoin d´un autre dentiste que le monsieur qui était efficace toutes ces années, mais qui paraît maintenant dépassé. Et voilà que je lis le nom d´une dentiste qui travaille de manière plus holistique dans un petit livret qui, à priori, n´a rien à voir avec les dents…

L´interaction entre la conscience et la création de la réalité possède un courant fluide. Beaucoup de choses sont plus simples, plus claires. J´ai un véritable plaisir à observer les échanges entre les êtres humains et les animaux, mais aussi avec les endroits, les espaces, les opportunités et les situations. Les choses paraissent naître « du hasard » pour compléter les besoins et les souhaits des personnes dans le microcosme comme dans le macrocosme. Qui reste circonspect et attentif peut observer le providentiel qui tisse la toile de la réalité dans la grande danse cosmique et qui comble l´aspiration la plus enfouie. Ceci devient possible en se soustrayant de la folie de l´illusion, en trouvant une porte ouverte ou même une fissure presque imperceptible…

d) L´AIDE THÉRAPEUTIQUE

J´avais une excellente ostéopathe qui travaillait très délicatement, profondément et sur le plan énergétique et ceci jusqu´à ce que j´entame le PNP. Ensuite, je remarque que nos observations s´opposent de plus en plus. Elle se concentre et s´entête sur le physique et le physiologique mais n´inclut aucunement la transformation que la lumière déclenche dans mon corps. Elle n´est pas capable de laisser le processus se développer dans le temps et dans l´espace. Elle ne comprend pas que je me trouve dans un profond vécu spirituel, subtil et énergétique. Ainsi, son impression repose exclusivement sur le corps physique : elle ne peut absolument pas supporter que je perde de la masse corporelle en connexion avec cette conversion à la lumière. « Comment pouvez-vous vous infligez une telle chose ? » demande-t-elle avec un regard plein de regret, de soucis et d'impuissance. Il est évident que sa formation médicale l'empêche de saisir l'aspect subtil de mon état. Même si elle utilise la kinésiologie et qu'elle se réfère en partie à l'énergie, elle est si formatée qu'elle n'est pas capable d'inclure les changements pointus et subtiles qui ont lieu dans mon aura et mon corps pranique. Je remarque comment notre dialogue diverge en deux monologues parallèles ; nous parlons de deux choses différentes.

Mais ce qui me dérange le plus, ce sont ses craintes personnelles. Non pas ses résultats thérapeutiques, mais ses peurs de la transformation, du changement, de la métamorphose, et ses peurs face à ma perte de poids. Ce qui me gêne vraiment, ce sont ses pensées négatives dont l'impact m'affaiblit durant le traitement. Elles réduisent ma fréquence. Je vois et je ressens ses craintes et ses doutes ainsi qu'une sorte d'horreur d'avoir à revivre des situations où elle a vécu des famines dans d'autres incarnations. Ceci s'avère avoir un effet dévastateur sur mon organisme car je suis sensible et réceptive durant un traitement. Je dois ajouter ici que mon système s'enclenche presque automatiquement sur le mode observation et perception approfondies à cause de ma clairvoyance thérapeutique. Justement, comme je suis allongée, j'ai du mal à contrôler cette capacité volontairement, parce que cette appréhension toute autant humaine qu'animale d'ailleurs, « de ne pas avoir assez » et surtout de « ne pas avoir assez à manger » trouve bien sûr aussi une résonance en moi.

D'un côté l'ostéopathe ne s'y connait pas dans le PLNP, ce que je ne peux aucunement exiger bien sûr. D'un autre côté, elle n'est pas prête à intégrer l'aspect subtile dans son travail. Bien entendu, c'est son droit. Ce que j'observe n'est pas seulement un manque de compréhension mais aussi une collection d'émotions et d'attitudes défavorables, entre autre, l'incapacité d'accompagner un processus de façon véritablement holistique. Elle place le changement dans la catégorie « pathologie » au lieu de l'identifier avec une réaction énergétique, structurelle et intermédiaire de mon système qui vit une intense transformation.

Après le traitement, je retrouve l'information de la pénurie dans mes cellules. Je peux y reconnaître les traces de peurs laissées par la thérapeute. Non seulement son soutient me manque mais ses projections inconscientes me gênent. Maintenant, il est temps de laisser travailler la lumière.

e) SOUTIEN ACCOMPAGNATEUR

Dans ce contexte, je tiens à souligner combien il est important de s'adresser uniquement à de véritables praticiens de la nourriture pranique ou au moins à des personnes qui l'ont été et de préférence à ceux qui savent valoriser et respecter l'individualité de chacun. En outre, parmi ces personnes qui ont une expérience personnelle et directe il serait sage de choisir quelqu'un avec une formation thérapeutique ou médicale. Personne d'autre ne convient sauf si celle / celui qui embrasse le processus pranique n'est pas en état de prendre soin de ses propres besoins ou bien si elle / il surestime ou sousestime ses réactions. Et dans ce cas bien sûr elle / il a besoin de soins médicaux.

Ceux qui ont lu des informations sur le pranisme ou qui ont mesuré et analysé le corps et l'état praniques ou qui ont établi des théories et des explications ne sont pas praniques. Une personne dont le partenaire a fait le processus ou est devenu pranique, ne fonctionne pas elle-même de ce fait pranique. Seules les personnes qui connaissent réellement l'état pranique conviennent en tant que consellier. Ceci s'applique également aux personnes qui connaissent l'art de jeûner, car elles n'ont pas l'expérience de la nourriture lumineuse. Il peut être utile pour le cerveau gauche, l'hémisphère logique, de trouver des parallèles entre le jeûne et le pranisme, mais il ne faut pas tout « mettre dans le même sac » sans différencier. Les mesures scientifiques sont intéressantes mais elles se limitent au corps physique et matériel car elles n'ont aucune possibilités d'inclure les corps subtiles et leur contenu de lumière. J'ose avancer que seul le professeur Docteur Fritz - Albert Popp serait capable de mesurer la lumière des cellules praniques grâce aux instruments speciaux qu'il a fait construire pour étudier le contenu de lumière dans le jaune d'oeuf. Aucun autre système de mesure matériel est approprié à saisir l'essence du sujet de facon valide. Enfin, ceux qui ont rassemblé des récits ou des rapports scientifiques ou ésotériques sont certainement des personnes instruites ; cependant, ils ne possèdent pas l'expérience personnelle de la nourriture lumineuse. Et dans le pire des cas, ils ne font que répéter machinalement ce qu'ils ont lu.

7. LES MESURES

En plus de la capacité d'observation que j'ai développée professionnellement en tant qu'infirmière, j'ai une intuition accrue et je suis clairvoyante. Toutefois le challenge de l'auto-observation comporte le risque de déformer les faits autant par les peurs que par les souhaits.

C'est la raison pour laquelle j'utilise, pour moi comme pour mes clients, des méthodes et des supports radiesthésiques qui me fournissent des résultats objectifs. Je maîtrise l'utilisation du pendule et de la baguette et je peux contrôler les données en les reproduisant et en les comparant avec les résultats précédents pour suivre l'évolution au travers des procédures et des informations variées. Il doit être possible d'en déduire une logique conséquente qui corresponde avec mes observations et mes états subjectifs pour que je puisse aboutir à une conclusion pleine de sens. Par exemple quand je suis constamment fatiguée, il est impossible que ma vitalité soit très élevée etc.

Si je me concentre sur la vitalité je peux d'abord tester l'énergie vitale globale mais aussi définir l'état de chaque organe, leurs blocages et leurs dysfonctions en pourcentages. Cette façon de procéder est applicable également aux corps subtils, à l'aura et aux chakras. Au total ces données détaillées constituent des indications essentielles à l'état de santé étudié (sur les plans éthérique, émotionnel et mentaux). En outre, je fais des recherches au niveau du système immunitaire et de la présence de la lumière divine dans les cellules par le truchement du Shin et de l'Aleph. Pour déterminer les méthodes d'harmonisation, j'utilise les mesures de compatibilité qui fournissent des conclusions précises.

Il y a également la possibilité de faire des expériences, et de conduire des tests empiriques. Autrement dit, il s'agit en tant que pionnière d'avoir le courage et le sens de la responsabilité, d'observer et de rassembler les expériences vécues.

C'est cette curiosité qui me pousse périodiquement et qui m'entraîne à découvrir et à mettre en valeur quelque chose de nouveau, de meilleur au-delà des règles et des paradigmes habituels et cela avec mes propres ressources. C'est l'aventure au niveau spirituel. En définitive cela doit être utile, pratique et réalisable. Cela doit tenir debout et doit servir à quelque chose. Et cela doit contribuer à l'amélioration et à l'élévation de la vie, de la dignité humaine et de l'accomplissement individuel.

Dans ce cadre, les mesures me fournissent des retours clairs et précis. En plus, elles m'indiquent une limite de sécurité comme une lumière dans l'obscurité qui me confère une orientation sûre par laquelle je prends mes décisions en confiance. C'est là qu'il est utile de faire de temps à autre des contrôles de réalité (reality check) sans se laisser influencer par le consensus général avec sa soi-disant « raison », ce qui reviendrait à un sabotage des propres intentions.

Ce n'est pas un exercice facile. Il exige beaucoup de clarté, d'objectivité et de discernement. Il peut y avoir un danger dans le fait que certains aspects de la personnalité sont encore emprisonnés dans le carcan des anciens modes de pensées : préjugés et peurs (de l'inconnu, d'être différent, du trop et du pas assez), l'ignorance et le manque de liberté, la déformation professionnelle avec ses dogmes et formules-types bien ancrés « cela doit être comme ceci », « on ne doit pas » et toutes les formules qui commencent avec « on » etc.

Parmi les modèles de pensées répressifs, je compte la nouvelle religion qui s'appelle « science ». Elle mesure, prouve et justifie tout pour le démentir quelques années plus tard et présenter la prochaine « vérité » prouvée avec le même dogmatisme. Toute personne qui sait lire y a accès et peut comprendre ce qu'elle veut comprendre. Une théorie pour tout le monde. Et l'on exige bien sûr l'exclusivité d'après la devise : « c'est comme ca ».

En fait cela concerne tous les modèles quels qu'ils soient : spirituels, ésotériques, thérapeutiques et intellectuels. J'en connais moi-même quelques uns et je prends plaisir à jouer avec eux. Jusqu'à un certain point, ils m'inspirent et m'enthousiasment. Je sais ce dont je parle, c'est pourquoi je me permets cette satire. Oui, c'est justement ma fonction et mon objectif de considérer ces distractions mentales et émotionnelles et de les éliminer l'une après l'autre avec toutes les associations qui les accompagnent. Pour finalement et graduellement tout réduire à l'essence.

8. RÉACTIONS DE L'ENTOURAGE

J'avais lu un compte-rendu sur les réactions de la famille, des amis et des connaissances envers la personne qui suit le processus. Elles ont tendance à la panique et au manque de compréhension.

J'avais moi-même des mémoires de pénuries de nourritures et de morts par la famine dans des incarnations précédentes. C'est un sujet répandu dans l'humanité (ainsi que la compétition pour la nourriture dans le monde animal) parce qu'il est présent à toute époque et partout sur terre, sauf l'abondance des dernières soixante dix années en Occident, à laquelle tout le monde n'a d'ailleurs pas accès. La peur, d'avoir faim, de ne pas avoir assez à manger, est incrustée profondément dans les cellules.

Il suffit d'observer le comportement de la clientèle si un supermarché est fermé deux jours de suite. L'annonce d'une denrée rationnée et d'une hausse de prix va pousser les gens à tout acheter et à stocker davantage qu'ils ne peuvent consommer eux même. La faim est un manque existentiel qui attise la peur de la survie et même la panique. Une occidentale bien nourrie toute sa vie comme moi a des réserves. D'où viennent donc ces réactions hystériques ?

D'accord, nous avons tous eu plusieurs vies précédentes où nous avons été affamés, où nous avons connu des pénuries pendant les guerres, à la suite de mauvaises récoltes. Ou bien, alors que nous étions bébé, nous devions attendre la tétée un peu trop longtemps. C'est un programme qui se met rapidement sur le mode urgence.

Encore plus général est l'aspect répandu de la peur de ne pas avoir assez, pas assez : d'amour, d'attention, de possessions, de sexualité etc.

La peur du manque, les croyances limitatrices, les pensées et les émotions réductrices sont les expressions du schéma qui entrainent les actions et les comportements qui leur correspondent. Nous avons là deux composantes : d'un côté la peur et de l'autre le manque. Depuis les débuts de l'humanité (dans le corps physique), elles dressent non seulement les gens les uns contre les autres mais génèrent aussi des conflits intérieurs et d'un autre côté elles provoquent l'avidité, la voracité, la gloutonnerie. Il en résulte quelque part une surabondance à laquelle tout le monde n'a pas droit. « The have and the have not », ceux qui ont et ceux qui n'ont pas, comme disent les Anglais.

Pourquoi ne pas décider bientôt de jouer un autre jeu, de suivre d'autres paradigmes et de laisser sortir l'humanité de la petite enfance ? Se mettre d'accord afin que chacune et chacun obtienne ce qui lui revient de droit pour vivre une vie digne et humaine, ni plus, ni moins et que cela puisse être obtenu directement de la source avec laquelle on vit en unisson. C'est ce qui se passe quand on atteint un certain alignement avec la lumière.

Voilà, nous avons développé ici un éclairage particulier pour affronter les réactions possibles à la nouvelle : « Je me nourris de lumière ou de prana ». En général les comportements et les interventions verbales ont tendances à s'immiscer et à donner des conseils et cela bien que l'on n'ait aucune idée et aucune expérience du processus. Presque chacun a une opinion sur tout, toujours et partout. Chacun a l'impression qu'elle / il doit donner son appréciation / son rejet sans avoir été sollicité. Bref une opinion superficielle, ignorante car non fondée sur l'expérience et surtout, non souhaitée et non sollicitée.

Une amie a posé des questions très pointues et veut savoir comment j'y arrive…une autre a vu des parallèles pertinents avec sa cure de jeûne et les réactions de sa famille. Deux femmes m'ont demandée quels sont mes motifs. Une et une seule m'a demandée comment je me sens pendant le PNP. Quand je lui ai répondu positivement, c'est à dire très bien, elle a dis : « Bien, je me réjouis pour toi. » Mon ami africain, lui-même un être très spirituel qui connait les jeûnes rituels, répond à l'alimentation par la lumière : « Donc, tu ne tomberas pas malade ! ». Intéressant, non ?

Quelquefois il y a des remarques de la part de présumées personnes spirituelles qui m'avertissent de possibles troubles de carences, comme on le faisait systématiquement il y a plusieurs années avec les végétariens. Maintenant on n'oserait moins sortir de telles absurdités. Certains s'imposent volontiers en répétant ce que leur maître leur a dit, à savoir que les esprits de la terre et les êtres de la lumière ne sont pas d'accord avec le pranisme. J'inclus aussi les critiques des personnes qui savent ce qu'est la lumière mais qui prétendent que l'être humain n'est pas assez avancé pour s'en nourrir. Beaucoup de livres saints mentionnent la Lumière. Mais pour les hommes il n'y a que la sueur, le travail, les naissances douloureuses, une nostalgie insatiable de la Lumière… Reste humble, souffrant, incomplet, ignorant. Peut-être que quelque part dans l'au-delà il y a la Lumière …mais pas maintenant.

J'ai aussi des collègues, des thérapeutes qui me soufflent dans l'oreille en me disant au revoir : « Fais attention ! » Je suis trop lente pour demander : « À quoi donc ? ». Combien as-tu perdu de poids jusqu'à maintenant ? » « Combien pèses-tu ? » « Tu vas encore maigrir ? » « L'air ne contient pas beaucoup de calories. » Ce sont aussi les questions et les remarques des « spécialistes du poids », qui confirment en me regardant d'un œil critique que j'ai vite maigri, que je suis encore plus menue que la dernière fois et que bientôt il ne restera plus rien de moi…

J'essaie alors d'expliquer que j'effectue un changement de nourriture pour vivre d'énergie pure, je ne fais pas de cure d´amaigrissement. Mais ils ne voient que la masse (manquante). Leurs peurs les incitent à projeter leurs interprétations exagérées sur moi. Ils n´enregistrent pas que j´ai un autre rayonnement, que je donne une impression vitale et de bonne santé, que malgré la perte de poids, ma peau est lisse et fraîche (pour mon âge). Ils ne voient pas que j´habite en fait mon « vrai corps » et que je ne suis pas si maigre car je suis bien musclée.

Puis il y a ceux qui sont inébranlablement convaincus que l´alimentation par la lumière n´existe pas et qu´elle est de toute manière impossible. Cette idée n´occupe aucune place dans leur misérable cosmologie rétrécie. Ils ne savent rien du PNP et ils s´abstiennent soigneusement de découvrir la tradition mondiale du pranisme ou de s´informer comment un scientifique moderne pourrait l´aborder. Tout cela n´est pas nécessaire parce qu´on a déjà décrété : ce n´est - rationnellement - pas possible. Je n´aurais jamais pensé qu´une telle attitude soit probable au 21ème siècle à Munich. Vraisemblablement, c´est à moi d´élargir mon horizon : oui ! il est concevable d´être entêté et ignorant et de vouloir le rester.

Par contre les sceptiques soupçonnent immédiatement que la personne pranique mange en secret et l´accusent tout simplement de mentir. Alors même qu´ils croient à ce que n´importe quel politicien raconte ! Comique, non ?

Et même certains maîtres spirituels qui travaillent avec la lumière considèrent que la conversion au mode pranique n'est pas possible.

De temps à autre on me conseille vivement de prendre des protéines, du fer etc. Or ces recommandations dépendent des connaissances, des besoins, des expériences ainsi que des priorités de la personne en question. Toutefois dans le cadre de la nourriture pranique, l'être humain n'est pas considéré comme un amas de substances chimiques constamment en manque de l'une ou de l'autre.

Puis finalement il y a la famille qui se fait, de toute façon, des soucis et qui exprime ses peurs : un fléau pour la personne pranique. Les inquiétudes, les peurs, les scénarios catastrophiques imaginés avec des conséquences irréversibles ne sont pas l'expression de l'amour. Au contraire, ce sont des projections négatives qui paralysent les deux parties en leur dérobant de la force. Celle / celui qui les réceptionne est enveloppé d'un nuage ternissant d'émotions névrosées et affaiblissantes. Les craintes non fondées ou les vagues soucis résultant d'un manque d'informations rabaissent systématiquement, je le répète, la vibration des deux côtés : aussi bien celui qui se fait du mouron que celui sur lequel s'abbat la montagne de soucis et pressentiments négatifs. On se gâte la vie et celle des uns et des autres avec le pessimisme, la peur qui ronge et l'incertitude latente. Il est très important de comprendre ce mécanisme car il n'a pas seulement lieu dans la vie privée, au sein de la famille, mais aussi à l'échelle de l'entreprise, de la société, au niveau national et planétaire.

Arrête de bavarder sans réfléchir, ouvre les yeux (au lieu de faire l'autruche ou d'espérer que quelqu'un va apporter une solution) et commence par mettre de l'ordre dans ton propre chaos. Puis tu vas rencontrer d'autres personnes courageuses qui remontent les manches pour changer quelque chose au statu quo de manière complète et fondamentale. Chacune et chacun comme elle / il le peut. Chacune, chacun a sa façon. C'est plus constructif que d'être assis devant la télé et de se faire du souci, non ? Tu es incarné pour faire parti du grand RE-NEW-ALL. (Le Grand Renouveau, une expression de Vicky Wall, Aura-Soma®)

Encore un mot sur la peur : la peur est la seule émotion qui ralentisse la lumière et l'absorption de la lumière.

En outre, cette constellation, craintes - inquiétudes - appréhensions contient des tendances manipulatrices : « Tu te comportes différemment de nous, des autres en général », « C'est dangereux », « Je me fais des soucis pour toi. » « Tu ne veux quand même pas que je n'aille pas bien et que je m'inquiète ? » Voici ma réponse : « Prends la responsabilité de tes émotions au lieu de les décharger sur moi, car je n'ai aucune envie de partager cela avec toi, ni de m'apitoyer sur ton / mon sort »

C'est beaucoup plus enrichissant d'échanger soutien et présence, de donner son aide et d'être actif au bon moment avec amour et respect. Et dans le meilleur des cas, quand on te le demande expressément. Quand tu as confiance que la personne sait ce qu'elle fait, qu'elle est guidée par sa sagesse supérieure, sa guidance intérieure, la providence divine, la raison, l'intelligence et la connaissance, alors aie confiance et respecte, s'il te plait, le libre arbitre d'autrui. Tu peux aider la personne avec l'amour, la confiance, la lumière, lui procurer ton soutien et lui transmettre de la force en l'enveloppant de respect, d'affection et de sympathie. Cela élève aussi bien ta fréquence que celle de l'autre personne ainsi que la vibration du monde entier. Quand on rencontre quelque chose de nouveau, que l'on ne connait pas ou que l'on ne comprend pas, on peut s'informer, on peut poser des questions. Ou veux tu donner l'impression que tu sais tout et tu préfères raconter n'importe quoi ? C'est plutôt ridicule et preuve d'ignorance. S'il te plait, épargne à toi-même et à ton interlocuteur ces pollutions atmosphériques que sont les opinions et les conseils non sollicités, les bavardages et les efforts de faire croire que tu en sais plus long.

Je traite ce thème en détail, parce que les attitudes envahissantes ne concernent pas seulement les personnes praniques. S'imposer aux autres sans être sollicité et vouloir changer les autres est tellement répandu, jusqu'à engendrer des guerres. Il y a toujours quelqu'un qui pense savoir davantage et mieux que les autres et qui se permet d'imposer sa vision sur les autres. Bien sûr, toujours avec de bonnes intentions !

On ne peut pas se passer du modèle systémique surtout dans le cadre de la famille. Celle-ci est considérée comme un organisme vivant au sein duquel chaque membre occupe un rôle qui aspire à l'équilibre de l'ensemble. De ce point de vue, on pourrait dire que mon enthousiasme et mes aventures sont tempérées par les « inquiétudes » de l'entourage. Comme je ne me perçois pas en tant que victime au centre d'un système, je fais le choix actif d'être un individu responsable de ses actes qui, au lieu de perdre du temps avec l'anxiété et ses freins, partage son expérience avec des personnes intéressantes et intéressées. Je m'épargne le besoin de vouloir convaincre.

Partageons donc le meilleur que nous ayons à donner avec le monde et ses habitants. Laissons enfin les autres être différents, porter les vêtements qu'ils souhaitent, s'aimer comme ils le veulent, honorer le dieu ou la force ou aucune, comme il leur convient. C'est l'essence de la vie : une abondance infinie d'expressions multiples de l'unique lumière éternelle. C'est le règne du vivant en opposition au clône ou au robot téléguidé produits en laboratoire.

Durant le processus alors que j'ai perdu rapidement du poids, j'ai quelquefois entendu deux opinions complètement contraires dans l'espace de dix minutes. Soit « Oh là là, on ne te voit plus ! Tu as tellement maigri, c'est grave ! » ou bien « Que tu es belle, rajeunie, toute légère. Pleine de lumière » Qui a raison ? Qui projette quoi ? Je vous confie un secret : je suis une magicienne, tantôt je prends cette apparence-ci, tantôt cette apparence-là. C'est le don de la métamorphose (« Shape shifting »)

Quelle version est la vraie ? C'est à vous de décider.

Alors que j'ai déjà intégré la nourriture lumineuse depuis plusieurs mois, on me demande occasionnellement si j'ai bientôt terminé le processus et quand je vais de nouveau manger normalement. J'explique que le processus d'installation dure 21 jours, mais que je suis maintenant pranique depuis xx mois. Cette réponse provoque presqu'un choc chez mon interlocuteur qui me regarde alors d'un air stupéfait : «Oui, tu es encore en vie et… tu as l'air d'aller bien. Que se passe-t-il ? » Tout d'abord la vieille manière de penser conclut : « Non, pas possible de vivre, de travailler, de faire de la randonnée de montagne sans manger pendant xx mois. Non, c'est impossible ». Puis la personne ouvre les yeux et me regarde dans le présent. La croyance erronée et dépassée est révisée et actualisée par l'observation. Elle est vivante. La nouvelle conclusion : donc c'est concevable. Cela est maintenant intégré et enregistré dans la latitude des possibilités humaines et peut ainsi contribuer à l'élargissement de la réflexion sur le potentiel humain en général.

J'aimerais aussi mentionner les quelques personnes qui ne se sont aucunement exprimées sur les changements soit dans mon apparence soit dans ma façon de me nourrir. Quelques unes s'interrogent, d'autres ne s'intéressent pas à ce sujet qu'elles ne connaissent pas et qu'elles considèrent simplement comme ma décision personnelle. Cela ne veut pas dire qu'elles soient entièrement indifférentes. L'une de ces connaissances me dit qu'elle lira mon livre. Comme elle ne s'y connaît pas, elle ne dit rien. Une attitude sage et respectable.

Un dernier secret entre nous, en ce qui concerne la nourriture pranique : il s'agit d'autres paradigmes - et même pas neufs - car cette façon de se nourrir n'est définitivement pas une nouveauté pas plus qu'elle n'est une mode. Elle consiste en une transformation radicale de la conscience, qui se transpose jusque dans les cellules, dans le comportement et dans la vie de tous les jours.

Prenons maintenant les réactions de l'entourage en considération et comment elles affectent éventuellement la personne pranique.

9. RECTIFIER L'INFLUENCE NÉGATIVE DE L'ENVIRONNEMENT

Ce que je définis comme négativité dans le cadre de ma transformation, ce sont les expressions mentales et émotionnelles qui me tirent vers le bas ou qui affectent ma fréquence de manière désavantageuse. Elles sont, soit extérieures ou intérieures, c'est à dire étrangères ou personnelles, soit un mélange des deux comme par exemple les formes de pensées familiales ou sociétales intériorisées et inconscientes.

Ce qui est intéressant et décisif pour moi, c'est la manière dont je gère ces freins, ces blocages et autres manifestations et finalement ce que j'en tire pour mon processus. Il est important de se connaître soi-même surtout en ce qui concerne les tendances extrêmes. Les doutes ou les oscillations peuvent présenter une possibilité de considérer le projet d'un autre point de vue, de peser le pour et le contre, de remettre en question certains aspects, d'en réviser d'autres ou encore d'en tirer de nouvelles conclusions.

En général, je ne prends pas au sérieux les rares doutes et les hésitations que je ressens durant le processus. Je les observe avec distance et je ne me laisse ni influencer, ni vaincre ou convaincre par elles. Au contraire, je les retourne à mon avantage et je fais de leurs influences négatives une source d'inspiration multiple et de consolidation. Après avoir contrôlé leur validité (Quel est leur message, quel sens ont-elles ?), je décide soit de les éliminer ou de les garder pour confirmer mon chemin.

Bien sûr, il est recommandé de posséder une force de décision fondamentale (une sorte de foi intérieure et de for intérieur) qui laisse peu de place aux doutes, ceux qui mènent l'homme à des conflits intérieurs. Tiraillé entre deux côtés et hésitant, il avance sans reconnaitre qui il est vraiment. La polarité, la dualité règnent clairement sur la terre : chaque chose a au moins deux aspects et il est intelligent et avisé de les prendre tous les deux en considération. Ces doutes affaiblissent et inhibent, provoquant ce déchirement qui est à la source des conflits internes au lieu de vivre pleinement la vraie force authentique dans sa propre vie et dans le monde. Sinon, on avance avec les freins sérés, on souhaite et on espère et on fait des compromis à tour de main. Tout cela au lieu de savoir, d'expérimenter et de suivre son chemin.

Le doute représente un aspect et la peur l'autre côté de la médaille négative. Les craintes animales, personnelles, inconscientes, collectives et cultivées en font partie. Toutes font partie de la palette du lavage de cerveau, qui se pourchassent les unes les autres à coup de vieilles programmations de pénurie alimentaire et de famine ainsi que d'autres limitations et contingences qui prêtent une apparence de rareté et de manque a à peu près tout. On est dans la lutte pour plein de choses : appartement, emploi, nourriture, air, eau etc.

Un vieux tour qui fonctionne toujours pour monter les habitants de la terre les uns contre les autres, un vieux tour pour que quelques uns s'en mettent plein les poches. Et les autres jouent le jeu, bien qu'ils constituent la majorité. Ne plus jouer le jeu c'est la moindre des choses que l'on puisse faire.

Mes peurs inconscientes se sont sans doute développées au travers de ma perte continue de poids. J'ai analysé les croyances erronées qui se trouvent derrière les craintes. Je trouve des traces dans mes cellules de la misère et du manque de nourriture dont ma mère a souffert pendant la guerre. Elle m'en a quelquefois parlé. Elle m'a souvent forcée à manger, à vider l'assiette etc. Je peux confirmer énergétiquement qu'il y a un transfert de ses peurs de l'au-delà sur mes sœurs, c'est à dire qu'il existe une forte résonance chez mes sœurs qui ont récolté le schéma inconsciemment et l'ont manifesté.

Après quelques mois de prana, j'ai décidé d'en terminer avec l'histoire de perte de poids tant que je me sens bien et surtout de trouver mon propre rythme et de le suivre.

Grâce à cette décision, je me suis distancée de l'apitoiement et des lamentations dénuées de fondement et qui abaissent la fréquence. Ces soi-disant bonnes intentions ont un effet qui ronge et affaiblit le champ énergétique de la personne pranique. Généralement, on peut dire que les soucis, les inquiétudes et les peurs diminuent la vibration de celui qui les génère autant que celui auquel ils sont destinés. Ils entourent la personne d'un léger nuage opaque, qui est poreux et sensiblement « frissonnant ». En ce qui concerne les pensées et les émotions négatives sur les cellules, l'énergie lourde encercle les cellules d'un rebord sombre et terne. Les formes - pensées de crainte laissent des traces grisâtres dans l'aura qui est perméable durant les transformations du processus. Les distorsions énergétiques et mentales me font mal jusque dans l'âme. Finalement, je les utilise comme combustible car je dispose d'un mécanisme particuliers : plus on essaie de me détourner de mes intentions, de me dissuader, plus je deviens déterminée et tenace. Je pratique ce talent depuis soixante ans. Alors vous pouvez imaginer que je suis plutôt douée.

À cet endroit, je souhaite exprimer mes remerciements à toutes les personnes qui m'accompagnent de façon positive de loin ou de près. De celles et ceux qui n'ont aucune idée de la nourriture pranique mais qui ont confiance en moi, jusqu'aux personnes qui font l'effort de comprendre le processus et qui offrent leur soutien intelligent et respectueux à mon développement. Un remerciement spécial à Karin pour son assistance précieuse et active.

Le nuage négatif consume de la force et dérobe du courage, entrave le pouvoir de décision et la volonté. À l'opposé, l'assurance, l'espoir et l'optimisme confèrent stimulation et élan, sûreté et confiance en soi. Valoriser son interlocuteur, c'est le considérer à part entière, être convaincu à priori de ses qualités, de ses capacités et de ses actions positives pour réussir ou pour atteindre son but tel qu'il l'entend. Cette confiance inconditionnelle aide la personne à s'aligner encore davantage avec son moi-supérieur, à faire de bons choix et à pratiquer son auto-responsabilité. Comment vous sentez vous quand on vous considère incapable et que l'on ne vous tient pas pour digne de confiance ? Imaginez que vous vous sentiez particulièrement télépathique et « poreuse », que les pensées et les émotions de votre entourage pénètrent et blessent votre aura comme des lances et autres projectiles. Les formes-pensées ainsi que les ressentis qui les accompagnent possèdent structure, fréquence, couleur et mouvement. Elles sont porteuses d'un effet tout autant que les mots qui les expriment. Essayez d'imaginer que votre aura est très ouverte, que vous êtes très réceptif, télépathique et perméable. Vous

vous trouvez dans une métamorphose où les anciens points de repères perdent peu à peu leur valeur et où les nouveaux ne sont pas encore ancrés. Vous percevez dans votre entourage que l'on ne vous fait pas confiance, que l'on ne vous comprend pas et que l'on vous adresse automatiquement des regards dubitatifs et peureux. Bien sûr, pas tout le monde, mais ceux qui vous sont proches et chers. Cela fait mal. Bien sûr on peut les ignorer et puis on finira par restreindre ses échanges uniquement avec quelques unes / quelques uns. Je connais plusieurs personnes praniques qui se sont isolées pour échapper aux commentaires idiots. Il y a une règle d'or : ne perdez jamais votre temps avec ceux qui savent tout sans avoir ni connaissance, ni expérience de la nourriture pranique mais qui veulent absolument discuter. Il n'y a personne à convaincre. Il n'y a rien à prouver. Ils ont raison. Point. Il s'agit de suivre un cheminement spirituel. D'une manière tout à fait individuelle. Et d'en prendre la responsabilité à cent pour cent.

Cette description détaillée de l'effet des pensées et des émotions a pour but de conférer un focus sur l'influence du mental et de l'émotionnel sur nos semblables et sur l'environnement. Ils sont en effet à l'origine de la plus grosse pollution. Il est alarmant de percevoir comment la dimension mentale humaine est négligée ou mal gérée. Je me demande où l'intelligence de l'homme moderne se trouve entre le babillement et l'incapacité de penser jusqu'au bout, entre les croyances collectives enfoncées dans le crâne au travers de schémas mentaux dépassés basés sur des réactions automatiques et des scénarios de peurs formatés. Où est sa véritable grandeur mentale ? La plus grande crise de notre époque aurait-elle quelque chose à voir avec la conscience ? Non, ce n'est pas un problème supplémentaire. C'est en fait le seul.

10. NOURRITURE PRANIQUE OU LUMINEUSE

Qu'est ce que c'est ? C'est la lumière qui nourrit, qui nous donne la vie et nous garde en vie, celle qui provient de la source éternelle et illimitée du vivant. C'est l'énergie dont nous sommes tous constitués et dont tout est fait.

Il existe un monde invisible et un monde visible. Le dernier émerge du premier. Le monde matériel baigne dans un océan cosmique de Lumière et d'Ether. Il y a déjà plusieurs décennies, Max Plank, Albert Einstein et la nouvelle physique ont définit et décrit les quantas ainsi que le rayonnement lumineux. Mais nous pensons toujours comme au XVIII ème siècle : entre les objets il y a de l'air et rien d'autre. C'est comparable à quelqu'un qui affirmerait que la terre est plate. Quelqu'un qui n'aurait toujours pas intégré les dernières découvertes. En ce qui concerne la physique, je suis une nulle mais je perçois la Lumière métaphysique.

Tout d'abord un peu de métaphysique simplifiée : L'Aither avec ses deux pôles (Either et Ether) est le médium porteur pour l'expansion de la Lumière dans le cosmos qui imprègne et génère tout dans l'espace. À part entière de la lumière, l'Aither est la substance de base dont tout est issu. Même

Einstein a révisé sa conception des choses au fil de sa carrière et a réhabilité l'éther déjà reconnu et nommé par les Grecs anciens.

C'est la substance primordiale, l'âme du monde, l'élément primaire de toute vie. Elle est constamment en mouvement dans un flux tourbillonnant et pulsatile.

Scientifiquement, on distingue entre lumière visible et invisible dans le cadre du spectre lumineux et des fréquences des rayons ultra-violets jusqu'au vibrations les plus extrêmes. Cela s'étend des vibrations supérieure UV de 10^{24} Hz jusqu'aux infrarouges les plus bas (0,1 jusqu'à 30 Hz) sur un spectre très vaste perçu seulement par une toute petite partie des humains.

Le Professeur Dr. Fritz Albert Popp a fait construire des instruments spéciaux pour mesurer la lumière. Cela lui a coûté son professorat pendant un certain temps parce que l'on ne pense pas seulement comme au XVIII ème siècle dans la rue mais aussi dans les laboratoires.

Bioplasma, biophotons et la lumière des cellules ont également été étudiés en Russie et au Japon. Même avant, les recherches du Baron de Reichenbach ont décrit le nommé ode perçu dans l'obscurité par les clairvoyants. Wilhelm Reich a étendu ses recherches et ses expériences jusque dans les domaines de la génération de la force vitale qu'il a appelée orgone et héliode. Une fois dans la rue à Zürich un étudiant des travaux de Carl Huter (le célèbre physionomiste allemand) me dit en passant : « Oh, vous avez beaucoup d'héliode ». Il a disparu avant que je puisse lui demander ce qu'est que l'héliode. C'est ainsi que je me suis mise à la recherche de la lumière en moi parmi les sources scientifiques ainsi que celles de l'ancienne sagesse.

Dans les ouvrages métaphysiques et religieux l'aspect interne de la lumière est mentionné. C'est la lumière du monde, Lumen en latin, l'essence, la lumière immatérielle de la conscience ainsi que la conscience individuelle qui est reliée à la source lumineuse intérieure et au développement de l'être

Il existe une corrélation télépathique entre le bioplasma et les pensées. La force pensée imprègne l'eau dans le verre mais aussi les fluides à l'intérieur du corps. On trouve de nombreuses eaux lumineuses réparties dans des sources partout au monde (souvent associées avec des apparitions mariales) et à des haut-lieux énergétiques comme montrent les recherches de Madame Enza Ciccolo qui a développé un système thérapeutique.

L'eau lumineuse est une nourriture de lumière. Elle contient toutes les vibrations qui sont présentes dans la lumière solaire. On peut aussi facilement réaliser de l'eau solaire ou lunaire. Pendant un certain temps j'ai également chargé des granules solaires d'après Jacob Lorber.

Mais retournons au concept mystique de la lumière. Mentionnons la Lumière des Soufis et Mazda le messager de la Lumière en opposition à l'obscurité dans le Zoroatrisme.

La lumière contient des aspects infinis, mais elle est elle-même unique et unité. C'est ainsi que nous faisons partie de l'unité et que nous sommes fondamentalement un avec le Grand Tout et avec les uns les autres. Nous sommes tous frères et sœurs. Nous sommes un.

Parallèlement à mes expériences pragmatiques avec la nourriture pranique, les explications théoriques m'intéressent et j'observe les aspects énergétiques et subtiles ainsi que la métamorphose des chakras et de l'aura. Cette dernière pourrait constituer un petit livre, mais je n'en suis pas encore là. Je ne serais pas capable de décrire mes observations du point de vue d'une validité générale car j'en ai conclu qu'il y a des états praniques variés et que l'on ne peut réduire la situation à ouvrir et fermer des chakras, à les mesurer, à activer l'hypophyse ou l'épiphyse ou à les influencer ou les manipuler d'une façon ou d'une autre. Il n'y a pas « d'itinéraire » exact et applicable à tout un chacun.

Il existe une erreur de compréhension semblable en homéopathie dans les mains de personnes qui pensent allopathiquement : un remède pour ceci, un remède contre cela. Par ce biais, on limite sa vision et on réduit tout à un modèle schématique. Ce n'est pas l'esprit dans lequel l'homéopathie a été conçue : au contraire elle englobe l'être entier dans son individualité.

Il s'agit de la Lumière pure, de l'Amour pur, de l'essence de la création, de l'étincelle lumineuse, qui imbibe et pénètre tout ce qui est vivant de sa force vitale. La recherche quantique a déjà beaucoup découvert et la science confirme de plus en plus souvent la mystique et la métaphysique. Tout ce qui vit est constitué de lumière qui informe les différentes structures, donc en conséquence aussi le corps humain.

Déjà dans les années vingt du XXème siècle le médecin russe et physicien biologiste Alexander Gurwitsch a exploré l'interaction d'informations entre les cellules. Une émanation cellulaire très faible peut être observée dans les tissus végétaux, animaux et humains. Les recherches du physicien biologique Prof. Dr. Popp a établit que les biophotons sont des quantas de lumière dénués de masse mais avec une émanation cellulaire très faible. La lumière irradie les cellules à un rythme constant jusqu'au jour du décès quand elle s'éteint alors que le corps éthérique se désintègre, comme l'a si bien décrit le grand mystique Jacob Lorber. Elle constitue une partie de la première émanation subtile du corps de personnes vitales quelquefois nommée « aura de santé ».

Je pourrais donc dire que je me nourris de biophotons. Cela sonnerait plus scientifique et moins exotique que le prana. J'aimerais maintenant citer le Dr Diethard Stelzl. Il mentionne que l'épiphyse contient des récepteurs de couleur et une lentille. Pour lui le prana est l'équivalent de l'énergie vitale.

De quoi est ce que je me nourris vraiment ? De tout et encore davantage, de la seule et unique substance qui soit au monde, c'est à dire de lumière dans l'expression de ses variations infinies, dans ce qui rend le vivant effectivement vivant et vital. En fait, c'est la conscience. C'est de cela dont je me nourris même quand le soleil ne brille pas. La lumière est absorbée par les chakras, par le biais de la beauté, de la bonté, de l'amour, de l'harmonie, de la joie, mais aussi en absorbant les phosphènes, par le travail intellectuel, la méditation, les occupations énergétiques tout autant que l'activité physique et parmi tout cela, en particulier, par le focus de la conscience.

Pourquoi cette petite dissertation sur la lumière ? Parce que la plupart des personnes n'en n'ont aucune idée et ne possèdent aucun concept sur la lumière. C'est la raison pour laquelle la majorité des personnes s'effraie quand je dis que je me nourris de lumière. Ils pensent que j'avale l'air ou la lumière visible. Cela conduit à une mésentente grossière. On devient tout maigre et on en meurt.

La lumière contient tout, tout ce dont les être humains ont besoin. Chaque personne absorbe de la nourriture pranique. Oui, cela aussi a été mesuré. Naturellement, les aliments vivants et biologiques, et plus encore biodynamiques contiennent davantage de lumière que la nourriture raffinée. L'état vivant et vital de l'être humain est fourni par la nourriture lumineuse, non pas par les calories, c'est ce qu'ont établit les chercheurs qui ont analysé la présence de la lumière dans les aliments et les cellules.

On nomme aussi la lumière prana, d´où viennent le nom « pranisme » et l´adjectif « pranique » pour les personnes qui le pratiquent.

Voici un petit exercice pour vous : pour faire l´expérience du prana de façon visible, vous pouvez percevoir les particules de lumière par une belle journée ensoleillée en adoptant un regard détaché, un peu flou et vague en laissant le regard se poser à l´horizon. Bientôt, les petites sphères transparentes pleines de vie apparaissent dans l´air et se meuvent incessamment. Cela représente une partie de l´énergie qui génère la vie et la maintient vivante. Rien d´étranger, d´ésotérique ou d´effrayant. Simplement vivant, miraculeusement vivant. Mais on dirait que l´homme moderne en a peur.

Vous pouvez contacter la lumière intérieure en observant les phosphènes. Le mot phosphène vient du grec ancien : « phos » pour lumière et « phainein », ce qui signifie se montrer, apparaitre. Ce sont les apparitions lumineuses que les clairvoyants perçoivent. Vous pouvez également les produire en vous concentrant brièvement sur une source de lumière en fermant les yeux immédiatement après. Ces lumières intérieures activent l´épiphyse.

Nous possédons aussi un autre organe de lumière : C´est la rate que l´on a longtemps considéré comme superflue ! Cette société n´a vraiment aucune idée de la lumière ! La rate reste un organe mystique et énigmatique. Ce n´est pas sans raison que Leadbeater l´a adoptée comme centre énergétique car elle est un indicateur pour la volonté de vivre, la joie, la vitalité et l´élan de vie. Elle ne doit pas être en déficience lors de mesures subtiles. Son état sous-actif peut être à l´origine de dépression, de léthargie, d´arythmies cardiaques etc.

Il est possible de mesurer la proportion de vitalité dans les aliments en unités Bovis. Ce système de mesure a été développé par l´ingénieur Alfred Bovis comme norme comparative, en tant que critère abstrait, pour vérifier la fréquence des hauts lieux énergétiques, l´intensité des énergies lumineuses et le degré de la vitalité. Les unités Bovis offrent une méthode de mesurage fiable parmi les radiesthésistes. Les unités Bovis d´un miel non trafiqué sont de 11000 UB. C´est pourquoi un miel de haute qualité est une source adéquate de lumière pour les personnes praniques qui souffrent d´une perte de poids, du froid ou de faiblesse. Il ne produit pratiquement pas de déchet, influence très légèrement la durée du sommeil et n´utilise que peu d´énergie pour être digéré. En outre, le miel n´est ni alcalin, ni acide, mais neutre.

J´espère qu´il est plus facile maintenant de considérer le PNP comme une permutation de la nourriture matérielle à la nourriture subtile, comparable à un changement de nourriture carnivore à une alimentation sans viande ou d´un régime normal avec pain et pâtes à un régime sans gluten ou de passer du végétarisme au véganisme. En conclusion, je continue toujours à me nourrir de quelque chose, dans ce cas de lumière, contrairement à une personne qui renonce à la nourriture matérielle sans la remplacer par quoi que ce soit comme dans le cas de l'anorexie ou d'une grève de la faim.

Avez-vous trouvé la différence entre la nourriture pranique et le jeûne ? Pardonnez-moi de vous avoir laissé attendre si longtemps. Durant le jeûne on renonce également pendant une certaine période de temps à la nourriture et cela sans alternative. Le corps ne reçoit aucun nutriment afin qu'il puisse se désintoxiquer. Durant la NP, il obtient une substance subtile et constituée de lumière, de photons qui sont stockés dans l'aura surtout dans le corps pranique ou corps éthérique ainsi que dans les cellules. C'est la phase de conversion qui dure 21 jours. Quand le prana est bien installé, on va se sentir bien, on aura besoin de moins de sommeil et l'on observera quelques transformations aux niveaux psychologique, énergétique et spirituel. La lumière contient tout ce que nous sommes. Donc, il ne s'agit pas de manque ou de renoncement car cette nouvelle substance que le corps reçoit est, il est vrai, de nature subtile mais fondamentalement d'une qualité plus riche et plus complète que la nourriture à moitié morte avec un taux d'unités Bovis bas et peu de lumière. Or, les calories vides accablent le corps physique et le rendent graduellement et inévitablement malade. La lumière qui donne et maintient la vie est non seulement précieuse pour tout système vivant mais c'est la vie même.

Au début, j'avais du mal à faire la différence entre le PNP et le jeûne, car au premier abord, il existe des parallèles entre les deux. On recommande de rassembler d'abord des expériences avec des jeûnes plus ou moins longs avant d'entamer le processus des 21 jours, car pendant la phase de conversion, il peut y avoir des réactions similaires à celles du jeûne.

Chaque personne est unique et chaque personne a des degrés d'intoxication différents. La tolérance personnelle des malaises et la manière dont on les gère varient également d'une personne à l'autre. Aucune phase de jeûne n'est identique à l'autre. Toutefois, on glane un savoir solide des expériences acquises et l'on pourra accepter certaines réactions en sachant de première main qu'elles sont normales et bienvenues.

Bien que les deux processus aient des points communs, il y a une différence essentielle entre le jeûne et le pranisme. Dans le premier cas, on renonce à la nourriture matérielle sans la substituer par quoique ce soit. Dans le cadre du PNP, la nourriture solide est remplacée par la lumière. Ou alors, d'une autre perspective, la lumière présente dans les cellules et dans l'aura est activée, ce qui génère une résonance croissante avec la source inépuisable de la lumière.

Il n'est pas possible de jeûner sans fin, parce que les ressources du corps vont se tarir tôt ou tard. Par contre, la connexion à la lumière est intarissable, donc il est possible de se convertir définitivement à la nourriture pranique. Ce mode d'alimentation, dans la mesure où une véritable conversion -

c´est à dire une métamorphose énergétique complète - a eu lieu, nous rapproche de la Source, infinie et éternelle.

Et non, Madame la docteur en chimie, je ne suis pas obligée de m´asseoir sous la lampe pour m´alimenter. Il s´agit de la lumière du monde, de la lumière infinie et éternelle de l´âme. Je l´absorbe par l´intermédiaire de l´anatomie subtile des différentes couches de mon aura, par le corps pranique (mais pas uniquement) par les chakras et autres centres énergétiques, par les cellules et les atomes de mon corps physique. Par l´amour, la force et la volonté du cosmos et des êtres humains et autres êtres avec lesquels je suis en contact, qu´ils soient visibles ou non. Par la beauté et la bonté, par le rayonnement de ce monde et d´autres dimensions avec lesquelles je suis reliée. Exactement comme vous le faites aussi….seulement de manière un peu plus concentrée, plus intense et plus fréquente.

11. L´EFFET DU PRANA

Au niveau physique j´ai retrouvé la flexibilité de ma jeunesse. Avant le processus je me portais bien physiquement. Mon bien être et ma vitalité ont augmentés grâce à l´alimentation pranique. Pendant le processus j´ai développé une certaine immunité contre la douleur qui a perduré aussi par la suite. Ce phénomène est étonnant et inattendu pour moi. Déjà, durant mon enfance, j´étais fascinée par les récits sur les Cathares qui paraissaient à peine sentir la douleur sur les bûchers. Je sais que j´ai eu des incarnations cathares. Je suppose qu´il existe une corrélation entre l´augmentation de la lumière dans les cellules et la diminution du ressenti de la douleur. Il faudrait que j'approfondisse ce sujet. Je dispose également d'une grande force physique et d'une bonne capacité d'endurance. J'ai mentionné à plusieurs reprises la réduction du sommeil et l'amélioration de l'état de ma peau.

Mes sens sont plus aiguisés et m'offrent une palette plus étendue dans les nuances et la différenciation des goûts, des couleurs, des sons et de l'intensité de la lumière. J'ai parlé d'hédonisme : mon entourage environnant s'avère être une source d'expériences sensuelles, qui m'enthousiasme infiniment. L'envie de vivre, la joie générée par les couleurs harmonieuses, les formes, les êtres humains et autres, les endroits, les paysages me remplissent d'un grand bonheur. La permutation au mode pranique me libère des contraintes journalières de la vie quotidienne, que j'ai déjà réduites en grande partie les années précédentes.

Pour compenser, j'ai un rythme spirituel et professionnel strict mais que j'ai choisi moi-même et qui convient à mes conditions de vie. Je suis devenue plus exacte, plus précise, ainsi que plus scrupuleuse et ordonnée. J'espère que je ne vais pas devenir pédante à force d'ordre. De façon étonnante, je suis beaucoup plus pratique et je suis capable de réparer des choses alors que je n'étais pas douée du tout auparavant. Je dois admettre que quelques-unes de ces méthodes sont très inhabituelles et des hommes du métier éclateraient de rire en les voyant mais elles fonctionnent encore aujourd'hui. J'ai gagné une meilleure approche, une relation plus amicale et harmonieuse au monde matériel. Il semble venir à ma rencontre et m´inspirer alors que nous avions avant des luttes de pouvoir dont je ressortais invariablement perdante.

La diplomatie n´a jamais été mon fort. Mes capacités diplomatiques ont encore diminué. Je ne souhaite pas blesser mon interlocuteur mais il est quelquefois nécessaire de nommer les choses par leur nom. Je fais preuve d´une plus grande clarté et précision intellectuelles, il m´est plus facile de voir au travers des choses et des gens et d´ordonner mes observations en particuliers les motifs et les motivations aussi bien les miens que ceux de mon entourage.

Moins je m´efforce de contrôler plus les morceaux du puzzle se complètent. La vision et la guidance intérieures sont de plus en plus développées. Je vis souvent des moments extatiques indépendamment des évènements extérieurs.

12. LA NOURRITURE PRANIQUE DANS LE PUBLIC

Ceux et celles qui ont la tâche de rendre la Nourriture de lumière publique pour contribuer au Grand Tout et au progrès se voient souvent confronté(es) à l´incompréhension et à l´hostilité.

Jasmuheen, la grande pionnière infatigable qui voyage de part le monde et qui propose l´option de la NL comme projet d´aide contre la faim dans le monde est une femme d´envergure remarquable. Elle est une des initiatrices et constamment présente depuis les tous débuts des années 90.

Entre autre, elle a été une cible pour la bêtise, l'esprit étroit et l'ignorance. Mais elle a ce qu'il faut pour accomplir cette mission et elle continue son chemin avec une constance admirable. Il y a longtemps déjà, elle m'a inspirée mais pas convaincue. Toutefois, je lui suis reconnaissante pour son courage, son exemple et sa pensée généreuse car elle considère la NL comme une possibilité de développement de l'humanité.

La personne qui m'a personnellement convaincue est le scientifique et l'anthroposophe Dr Michael Werner, Docteur en chimie et directeur de l'institut anthroposophique de Arlesheim (CH). En 2001 il a complété le PNP de 21 jours sous supervision médicale comme il le décrit dans son livre. Il est ensuite resté pranique. En 2004 après avoir eu à convaincre la Commission d'Ethique suisse, il a réussi à passer dix jours complètement isolé à l'hôpital universitaire Lindenhof de Bern, sous surveillance vidéo constante, où toutes les valeurs scientifiquement mesurables ont été prélevées. Les résultats de cette étude, ont seulement été publiés quatre ans plus tard en 2007. Un état de jeûne est uniquement et simplement mentionné !!!

En 2007, il fait conduire une autre étude scientifique à Prague. À cette occasion, le maître d'études responsable a tout simplement refusé de publier les résultats du protocole et ceci sans aucune explication !!!

J'appelle cela de la lâcheté, de la lâcheté scientifique. Et je n'éprouve pas le moindre respect pour ce genre de science qui n'a pour but que de garder le statu quo, le consensus qui impose ou les dogmes qui dictent ce que tous doivent penser et ne font que le confirmer. Tout le reste est réprimé, passé sous silence et généralement réprouvé. Cela me rappelle l'expérience du neurochirurgien, Prof. Dr. Eben Alexander, qui a fait une expérience de mort imminente exceptionnelle en 2008 et qui se voit également confronté à l'ignorance et l'étroitesse d'esprit des médecins et scientifiques. Quelle peur motive ces gens pour qu'ils s'accrochent si ardument au savoir dont on leur à bourré le crane au lieu d'élargir leur horizon ? Sont-ils tellement formatés qu'ils ne sont plus capables de penser indépendamment ou bien encore ont-ils peur de perdre leur réputation, leur titre, leur argent ?

Je décide autant qu'il m'est possible de me distancer et de rompre le cordon avec cette réalité tordue ainsi que de ce consensus pathologique, pour ne pas dire schizophrène. Dans ce sens je me joins à l'afro-américain Genesis Sunfire qui, en tant qu'activiste, prône la nourriture pranique comme seule action ciblée qui serait suffisamment profonde dans ces effets pour déstructurer institutions et gouvernements qui maintiennent exploitation et injustices dans le monde. Considérée de ce point de vue, la nourriture pranique est une révolte non violente. Un dernier point qu'il est impossible de ne pas mentionner, c'est cette colère meurtrière et destructrice de l'humanité envers la nature en grande partie pour en faire de la nourriture.

Et pour citer Stéphane Hessel : « Créer quelque chose de nouveau, c'est faire de la résistance. Résistance signifie créer quelque chose de nouveau »

13. LE BILAN

La conversion à la lumière est une des décisions les plus importantes de ma vie. C'est pour moi une transformation et une initiation d'une grande profondeur. Plus l'état se prolonge plus il est stable et équilibré. Aucun des rituels quotidiens avec la nourriture tel que faire des commissions, cuisiner, nettoyer, ni même aller au restaurant ne me manquent.

Mon dévouement et ma dédicace à la spiritualité sont encore plus intenses et je ressens ce lien à l'éternité et l'infini encore plus que jamais.

Mon expérience pranique jusque là est une série de vécus et de ressentis, de réflexions et des conséquences personnelles que j'en ai tirées. Je suis heureuse de les partager avec des personnes intéressées pour deux raisons : premièrement pour ancrer le champ morphogénétique ; deuxièmement pour démystifier le sujet. Je fais part de ma toute première tentative, des phases de purification mentale et physique et autres expériences avec les pieds bien sur la terre. Je suis une femme normale avec une expérience peut-être un peu inhabituelle. Le processus n'est pas pour tout le monde. Je le reconnais et je n'y encourage personne. Dans certains cas, j'en découragerais même certaines personnes. Mais pour moi, il est approprié et enrichissant. La perception subjective de mon état d´être est soutenue et confirmée par mon approche unique et individuelle.

J´aimerais terminer avec une citation de Michael Werner : « Il ne s´agit pas d´arrêter de manger mais de penser différemment ». Il ne s´agit pas de mesurer le mesurable, de compter les calories ou de peser les kg. Autrement on reste au niveau de la lutte autour des particules. Manger ou ne pas manger, emprisonné dans la boucle des contraires et de la polarité.

Pourtant, il existe la possibilité d´une troisième perspective. De là, on pénètre dans une autre dimension qui transcende la boucle et qui entre en résonance avec les ondes (contrairement aux particules). À ce niveau, le « non seulement, mais encore » est possible et tout gagne une autre valeur et une autre dimension. Nous ne nous trouvons plus seulement dans le matériel, mais dans un espace subtile où d´autres paradigmes de pensée et de réflexion sont nécessaires.

Je m´épanouis dans l´état pranique. Je travaille et je voyage beaucoup. Je suis pleine de reconnaissance d´être en vie. Mon intuition m´annonce un changement intérieur important et précise que le pranisme n´est qu´un tremplin pour moi. Donc l´histoire continue. Peut-être que je vous en ferai part.

Je suis comblée par mon état pranique en ce moment mais je m´attends à ce qu´il évolue et s´approfondisse. Je suis uniquement ma guidance intérieure et mon instance supérieure. Si, pour quelque raison que ce soit, je ne me sentais plus à l'aise ou si je recevais l'impulsion intérieure que la NL n'est plus adéquate pour moi, j'utiliserais mon libre arbitre pour mettre fin avec beaucoup de circonspection à cet état. Le pranisme, c'est la liberté de choisir. Sinon je continue à être pranique et heureuse.

J´ENSEIGNE DE NOMBREUX SUJETS ÉNERGÉTIQUES ET SPIRITUELS EN GROUPE, À DES PERSONNES INDIVIDUELLES ET À DISTANCE.

Liste de mes enseignements présents

DÉCODER ET RÉSOUDRE LES TRAUMATISMES HÉRITÉS ET LES BLOCAGES DE VIES ANTÉRIEURES

FORMATION DE RADIONIQUE SUBTILE

LE PROCESSUS DE LA MORT DU POINT DE VUE HOLISTIQUE

LE POUVOIR GUERRISSEUR DES SYMBOLES ET DES SIGNES POUR LES ÊTRES HUMAINS, LES ANIMAUX, LES VÉGÉTAUX ET LES ESPACES
L´UTILISATION ET LES BÉNÉFICES DES BOUGIES D´OREILLES

LES SOINS ÉNERGÉTIQUES ET SPIRITUELS POUR LE DOS

MENER LES ÂMES ATTACHÉES À LA DIMENSION TERRESTRE VERS LA LUMIÈRE

FORMATION D´ AURATHÉRAPIE

LA FORCE DE GUERRISON DES MAINS

LE POUVOIR DES CRISTAUX – LE SAVOIR DE L´ATLANTE POUR LE 21 ÈME SIÈCLE

MAGNÉTISME ET TÉLÉPATHIE

L´ORACLE DES PIERRES NATURELLES

L´ART D ÊTRE THÉRAPEUTE

L´UTILISATION DU PENDULE ET DE LA BAGUETTE DANS LE CABINET PROFESSIONNEL

MESSAGES PERSONNELS DE LA NOUVELLE ANNÉE

VISION BOARD – TRANSFORMER SA VISION EN RÉALITÉ

Pour plus d´informations, vous pouvez me joindre par SMS sur 0049 (0) 175 94 21 791

UN GRAND MERCI À **ANDREAS LÜHRIG** !

POUR SES MERVEILLEUSES « SIMILIS CARDS » que l´on peut commander à l´adresse suivante : www.sein-erleben.de

L´AUTEURE

L´auteure est née en 1953 à Paris. Depuis son enfance elle possède une perception subtile fortement prononçée.

Elle est infirmière diplomée d´état, spécilisée en psychiâtrie.

Elle est active en fonction de maître de conférence dans l´école allemande de naturopathie la plus renommée – Paracelsus Schulen - en Suisse et en Bavière.

Elle offre des formations de radionique, d´aurathérapie etc. au niveau européen ainsi que des soins et des enseignements. En tant que thérapeute, elle travaille autant en personne qu´à distance, par exemple par téléphone, en français, en allemand et en anglais.

Elle a de nombreuses formations en radionique – Radionic Practitioner of the Radionic Association, ainsi qu´une formation avec David Tansley – en aurathérapie, aromathérapie, lithothérapie, radiasthésie etc. Elle a complété une formation de chromothérapie Aura Soma avec Vicky Wall et elle est une des premières formatrice Aura Soma.

Contact:

Aurélienne Dauguet

Fixe: 0049 89 51 81 85 51

Référence littéraire

Aurélienne Dauguet

Reiseführer zu deinen kosmischen Energien -

Aura Entdeckung

ISBN 978-3-944700-02-1 (Paperback)

ISBN 978-3-944700-12-0 (e-Book)

Aurélienne Dauguet

AURATHERAPIE

für ÄRZTE, THERAPEUTEN und interessierte LAIEN

ISBN 978-3-96051-055-0 (Paperback)

ISBN 978-3-96051-056-7 (Hardcover)

ISBN 978-3-96051-057-4 (e-Book)

Aurélienne Dauguet

Mein neues Leben mit der Lichtnahrung

ISBN 978-3-96240-554-0 (Paperback)

ISBN 978-3-96240-555-7 (Hardcover)

ISBN 978-3-96240-556-4 (e-Book)